本書の特長と使い方

JN000634

　主要5教科の，定期テ〔…〕
を一問一答式の問題でま〔…〕
　学習内容1項目（1単元〔…〕
ルターを使って，何度も問〔…〕ます。

問題が解けるようになった
ら，チェック欄□に✓をし
ましょう。

☆☆☆ 重要度を3段階で
示しています。

解答のそばに，問題の解き
方や考え方を示した解説を
設けています。

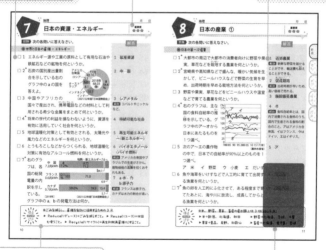

その単元で重要
なポイントを簡
潔にまとめてい
ます。

消えるフィルターで解答を
かくして，問題を解いてい
きます。

CONTENTS もくじ

写真提供　県立長野図書館／Photo：Kobe City Museum/DNPartcom／早稲田大学図書館／
宮内庁書陵部(p.39)／日本製鉄株式会社九州製鉄所／国立国会図書館　ほか(敬称略)

地理

社会

月　日

1 地域調査の手法

重要度
☆☆☆

問題 次の各問いに答えなさい。

解答

◎地形図の読み方

□1* 2万5千分の1地形図で2cmの長さは，実際の距離（きょり）では何mか。

1 **500m**

解説 2(cm)×25000＝50000(cm)＝500(m)。

□2* 高さが同じところを結んだ等高線は，間隔（かんかく）が狭（せま）いところほど傾斜（けいしゃ）が（　　）であることを示している。（　　）にあてはまる語句を答えよ。

2 **急**

□3* 右の地形図中のa，bの地図記号はそれぞれ何を示しているか。

(国土地理院発行　2万5千分の1地形図「尾道」)

3 **a病　院**
　 b神　社

□4* 右の地形図中の郵便局から見て，図書館が見える方角を8方位で答えよ。

4 **北　東**

解説 郵便局は⊕，図書館は ⊔。

◎身近な地域の調査

□5 調査するテーマが決まったら，調査結果を予想するとよい。これを「（　　）を立てる」という。（　　）にあてはまる語句を答えよ。

5 **仮　説**

□6 地形図や筆記用具をもって，調べたい地域の土地利用のようす，人やものの動きなどを観察することを何というか。

6 **野外観察（フィールドワーク，地域観察）**

□7 調査するテーマについて，地域の人やくわしく知っている人に話を聞く調査を何というか。

7 **聞き取り調査**

> 得点
> アップ
> UP
>
> ◎等高線が引かれる間隔
> ▶ 2万5千分の1地形図→主曲線は10mごと，計曲線は50mごと。
> ▶ 5万分の1地形図→主曲線は20mごと，計曲線は100mごと。

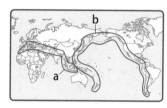

3 日本の地形

重要度 ☆☆☆

問題 次の各問いに答えなさい。

解答

●日本の地形の特色

□1* 右の地図中の a ～ c の山脈はまとめて日本アルプスとよばれる。a ～ c の山脈はそれぞれ何というか。

□2 日本列島の地形を東西に分けている地図中の X の地溝帯を何というか。

□3* 地図中の Y で見られる入り組んだ海岸地形を何というか。

□4* 地図中のア～エの海流の中から，黒潮（日本海流）を1つ選べ。

□5 リマン海流は，寒流か，暖流か，答えよ。

□6 陸地の周辺にある，深さ 200 m くらいまでの，傾斜のゆるやかな海底を何というか。

□7* 日本の川は，流れが（ ① ）で，山（水源）から海（河口）までの距離が（ ② ）という特徴をもつ。（ ）にあてはまる語句を答えよ。

□8* 川が山地から平野に出るところに土砂が積もってできた扇形の地形を何というか。

□9* 川の流れによって運ばれた土砂が，海や湖へ流れ出る河口に積もってできた地形を何というか。

1 a 飛驒山脈
  b 木曽山脈
  c 赤石山脈

2 フォッサマグナ
解説 東日本では山地が南北に，西日本では山地が東西にのびる。

3 リアス海岸
解説 Y の三陸海岸のほか，志摩半島や若狭湾岸などにも見られる。

4 エ

5 寒流

6 大陸棚

7 ①急
　②短い

8 扇状地

9 三角州（デルタ）

得点アップ
●扇状地と三角州の土地利用
▶扇状地→水はけがよいため，果樹園として利用されることが多い。
▶三角州→低湿地が多く，水田として利用されることが多い。

4 日本の気候

重要度
☆☆☆

問題 次の各問いに答えなさい。

解答

社会 / 理科 / 数学 / 英語 / 国語

◉日本の気候の特色

□ 1* 日本の大部分が属する温帯の中でも，降水量が
多く，大陸の東岸に多い気候区を何というか。

□ 2* 右の地図中の
→のように，
季節によって
吹く向きが変
わる風を何と
いうか。

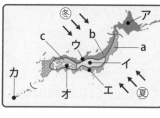

□ 3* 右の地図では，日本列島を 6 つの気候に区分し
ている。a〜cの地域は，それぞれ何という気
候に区分されるか。

□ 4 右の雨温図は，上の地
図中のア〜カのどの都
市のものか。

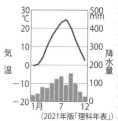

（2021年版「理科年表」）

□ 5 北海道以外の地域で，
6〜7月にかけて降る
長雨のことを何というか。

◉日本の自然災害と防災

□ 6 地震などによって海底が動いて生じる大きな波
を何というか。

□ 7* 自然災害が発生したときの被害の範囲や避難経
路などを示した地図を何というか。

1 温暖湿潤気候

解説 北海道は冷帯（亜寒
帯），南西諸島は亜熱帯。

2 季節風（モンスー
ン）

解説 夏は南東から吹き，
冬は北西から吹く。

3 a 太平洋側の気候
b 日本海側の気候
c 瀬戸内の気候

4 イ

解説 降水量が少なく，冬
は気温が低いので中央高地
の気候である。

5 梅雨

6 津波

7 ハザードマップ
（防災マップ）

得点
アップ
UP

◉季節風と日本の気候

▶冬→北西から冷たい季節風が吹き，日本海側で多くの雪を降らせる。

▶夏→南東から暖かい季節風が吹き，太平洋側で多くの雨を降らせる。

5 世界の人口

重要度
☆☆☆

問題 次の各問いに答えなさい。

解答

◉世界の人口問題

□ 1 単位面積(一般的には1km²)あたりに何人住んでいるかを示す数値を何というか。

1 人口密度

□ 2* 世界の人口の約6割を占めている州を,次から1つ選べ。

ア アジア州　　　イ アフリカ州
ウ 北アメリカ州　　エ ヨーロッパ州

2 ア

解説 アジア州の人口は,約46億人である(2020年)。

□ 3 発展途上国でおこっている,人口の急激な増加を何というか。

3 人口爆発

□ 4* 次のア〜ウのグラフは,日本,ナイジェリア,アメリカ合衆国の人口ピラミッドである。ナイジェリアのグラフをア〜ウから1つ選べ。

4 ア

解説 ナイジェリアのような発展途上国では,多産多死なので富士山型とよばれる人口ピラミッドになる。イはアメリカ合衆国の人口ピラミッドでつりがね型,ウは日本の人口ピラミッドでつぼ型である。

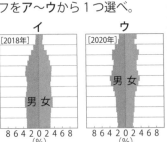

(2021年版「データブック オブ・ザ・ワールド」)

□ 5 上のア〜ウのグラフの中から,つぼ型とよばれる人口ピラミッドを1つ選べ。

5 ウ

□ 6* 先進工業国で進んでいる,子どもの数が減り,高齢者の占める割合が高くなる現象を何というか。

6 少子高齢化

得点
アップ
UP

◎人口密度の高い地域,低い地域
▶人口密度の高い地域→東アジア,南アジア,ヨーロッパ,アメリカ合衆国東部。
▶人口密度の低い地域→乾燥した地域や寒冷な地域。

6 日本の人口

重要度
☆☆☆

問題 次の各問いに答えなさい。

解答

社会　理科　数学　英語　国語

◉日本の人口問題

□ 1 1940年代後半の日本で，出生数が大幅に増加したことを何というか。

□ 2 東京・名古屋・大阪の3つの都市圏を，合わせて何というか。

□ 3 札幌，仙台，広島，福岡などの各地方の中心都市を何というか。

□ 4* 政令によって指定された，人口50万人以上の市のことを何というか。

□ 5 右のグラフは，主な国の65歳以上の人口の割合の推移を示している。日本にあたるものをグラフ中のア～エから1つ選べ。

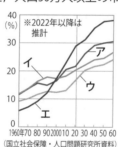

※2022年以降は推計

1960 70 80 90 2000 10 20 30 40 50 60
(国立社会保障・人口問題研究所資料)

□ 6* 渋滞や住宅難などの原因ともなる，都市に人口が過度に集中した状態を何というか。

□ 7 都心の人口が減少し，郊外の人口が増加する現象を何というか。

□ 8* 人口が著しく減少し，社会を維持することが難しくなる状態を何というか。

□ 9 65歳以上の高齢者が半分以上を占める集落を何というか。

---

1 ベビーブーム

2 三大都市圏
解説 三大都市圏に日本の人口の約48%が集中している(2020年)。

3 地方中枢都市

4 政令指定都市
解説 道府県が行う業務の一部を，代わりに行うことができるようになる。

5 エ
解説 アはドイツ，イはスウェーデン，ウはアメリカ合衆国。

6 過密

7 ドーナツ化現象
解説 近年は都心に回帰する現象が見られる。

8 過疎

9 限界集落

得点
アップ
UP

◉少子高齢社会の問題点
▶労働力人口の減少→働き手が減り，経済の停滞や社会保障のための経済的負担の増加を招く。高齢者の介護や子どもの保育も難しくなる。

7 日本の資源・エネルギー

重要度
☆☆☆

問題 次の各問いに答えなさい。

解答

◉世界と日本の資源・エネルギー

□ 1 エネルギー源や工業の原料として有用な石油や鉄鉱石などの鉱物を何というか。

1 鉱産資源

□ 2★ 石炭の国別産出量割合を示している右のグラフ中の a の国を答えよ。

アメリカ合衆国 4.8　その他 10.7
ロシア 5.3
オーストラリア 6.0
インドネシア 8.1
インド 10.7
2018年 68.03億t
a 54.4%
(2021/22年版「日本国勢図会」)

2 中　国

□ 3 中国やアフリカの国々で産出され、携帯電話などの材料として利用される希少な金属をまとめて何というか。

3 レアメタル
解説 コバルトやニッケルなど。

□ 4★ 将来の世代の利益を損なわないように、資源を有効に活用していく社会を何というか。

4 持続可能な社会

□ 5 地球温暖化対策として有効とされる、太陽光や風力などのエネルギーを何というか。

5 再生可能エネルギー（新エネルギー）

□ 6 とうもろこしなどからつくられる、地球温暖化対策に有効なアルコール燃料を何というか。

6 バイオエタノール（バイオ燃料）
解説 アメリカ合衆国やブラジルでの生産がさかん。穀物価格の高騰を招くおそれもある。

□ 7★ 右のグラフは、各国の総発電量の内訳を示している。グラフ中の a、b の発電方法は何か。

中国 7.2兆kWh　a 17.2%　火力 71.2　地熱・新エネルギー7.6　b4.1
フランス 0.6兆kWh　12.1% 10.0　71.0　6.9
カナダ 0.7兆kWh　59.0%　19.9　15.4　5.7
[2018年]
(2021/22年版「日本国勢図会」)

7 a 水　力
　 b 原子力
解説 フランスは原子力、カナダは水力の割合が高い。

得点アップ

◎ごみを減らし、資源を有効に活用するための 3 R
▶ Reduce(リデュース)→ごみを減らすこと。　▶ Reuse(リユース)→何回も使うこと。　▶ Recycle(リサイクル)→再生利用(再資源化)すること。

地理

8 日本の産業 ①

重要度
☆☆☆

問題 次の各問いに答えなさい。

解答

◉日本の第一次産業

□1*　大都市の周辺で大都市の消費者向けに野菜や果実，草花などを栽培する農業を何というか。

□2*　宮崎県や高知県などで盛んな，暖かい気候を生かして，ビニールハウスなどで野菜の生育を早め，出荷時期を早める栽培方法を何というか。

□3　野菜や果実，草花などをビニールハウスや温室などで育てる農業を何というか。

□4*　右のグラフは，主な国の食料自給率の推移を示している。グラフ中のア〜オから日本にあたるものを1つ選べ。

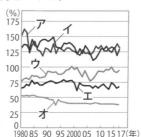

1980 85 90 95 2000 05 10 15 17(年)
（農林水産省）

□5　次のア〜エの農作物の中で，日本での自給率が90％以上のものを1つ選べ。

ア　米　　イ　野菜　　ウ　小麦　　エ　だいず

□6　魚や海草をいけすなどで人工的に育てて出荷する漁業を何というか。

□7*　魚の卵を人工的にふ化させて，ある程度まで育てたあとに，海や川に放流し，成長してからとる漁業を何というか。

1　近郊農業

解説 新鮮な野菜を届けることができ，輸送費も抑えることができる。

2　促成栽培

解説 出荷時期が早いため，高い価格で売れる。

3　施設園芸農業

4　オ

解説 食料自給率とは，国内で消費される食料のうち，国内で生産される食料の割合のこと。アはアメリカ合衆国，イはフランス，ウはドイツ，エはイギリス。

5　ア

6　養殖業

7　栽培漁業

得点
アップ
UP

◎米，野菜，果実，畜産の産出額上位3位(2019年)

▶米→新潟，北海道，秋田　　　▶野菜→北海道，茨城，千葉

▶果実→青森，長野，和歌山　　▶畜産→北海道，鹿児島，宮崎

9 日本の産業 ②

重要度 ☆☆☆

問題 次の各問いに答えなさい。

解答

◉日本の第二次産業

□ 1 * 工業地帯・地域が集中している，南関東から九州北部にかけての臨海地域を何というか。

1　太平洋ベルト

□ 2 * 右のア〜エのグラフから，中京工業地帯のグラフを1つ選べ。

〈主な工業地帯・地域の産業別出荷額割合〉

	金属	機械	化学	食料品	その他
ア 40.8兆円	10.2	45.6	16.0	12.6	15.6
イ 34.5兆円	20.9%	37.7	16.8	12.6	13.7
ウ 60.2兆円	9.6%	69.1	6.4	4.6	10.3
エ 10.3兆円	16.5%	46.3	16.9	6.1	14.2

■金属　■機械　□化学　■食料品　⊡その他

※京浜工業地帯は東京都・神奈川県・埼玉県の全域，中京工業地帯は愛知県・三重県の全域，阪神工業地帯は大阪府・兵庫県の全域，北九州工業地域は福岡県全域とする。
[2018年]　　　　　（2021/22年版「日本国勢図会」）

2　ウ

解説 出荷額の総額が最大であることと，機械工業の割合が高いことからウが正解。アは京浜工業地帯，イは阪神工業地帯，エは北九州工業地域。

□ 3 * 1980年代までの日本の工業の特徴であった，燃料や工業原料を輸入し，工業製品を輸出する貿易を何というか。

3　加工貿易

□ 4 * 1990年ごろから進んでいる，工場の海外移転が増えたために，国内の生産が衰退する現象を何というか。

4　産業の空洞化

解説 円高が進行し，生産コストを下げるため，日本の企業は人件費の安い中国や東南アジアに工場を移転した。

◉日本の第三次産業

□ 5 商業のうち，消費者に直接商品を販売する業種を何というか。

5　小売業

□ 6 商業のうち，生産者から商品を仕入れて，5の業種に売る業種を何というか。

6　卸売業

10 日本の交通・通信

重要度
☆☆☆

問題 次の各問いに答えなさい。

解答

社会　理科　数学　英語　国語

◉交通と通信による結びつき

□ 1 海上交通や航空交通が発達したことで，目的地
までの（　　）距離が短縮された。（　　）にあて
はまる語句を答えよ。

1 時　間

□ 2 貨物を輸送用の大型容器に入れて運ぶ船を何と
いうか。

2 コンテナ船

□ 3 2の船やタンカーを使って行う貨物の輸送方法
を何というか。

3 海上輸送
解説 重量の重いものを安く大量に輸送することができる。

□ 4 航空機を使って行う貨物の輸送方法を何という
か。

4 航空輸送
解説 軽くて高価な電子機器や新鮮な食料品などを運ぶのに適している。

□ 5 全国各地への移動を高速化した高速交通網を，
航空路，高速道路のほかに1つ答えよ。

5 新幹線

□ 6 日本では，かつてより貨物・旅客輸送に占める
（　　）輸送の割合が高くなった。（　　）にあて
はまる輸送手段を答えよ。

6 自動車
解説 高速道路が整備されたため。

□ 7 乗り継ぎの拠点となる空港を何というか。

7 ハブ空港

□ 8 世界中のコンピューターネットワークが相互に
接続してできている巨大な情報通信網を何とい
うか。

8 インターネット

□ 9* 情報通信技術をアルファベットで何というか。

9 ICT

□ 10 知識や情報に価値がおかれ，大量の情報が流通
する社会を何というか。

10 情報（化）社会

得点
アップ
UP

◉交通網の発達のかげで
▶ 大都市→交通網の発達により時間距離が短縮され，生活が便利になった。
▶ 過疎地域→鉄道やバスの路線が廃止されるなど，生活が不便になった。

13

11 日本の貿易

重要度
☆☆☆

問題 次の各問いに答えなさい。

解答

●世界と日本の貿易

□1 右の表は，貿
易額の多い上
位4か国の輸
出額と輸入額
を示してい
る。アメリカ合衆国にあてはまるものを，表中
のア〜エから1つ選べ。

国	輸出額（億ドル）	輸入額（億ドル）
ア	25,013	21,340
イ	16,642	25,427
ウ	15,605	12,843
エ	7,379	7,483

[2018年]　（2020/21年版「世界国勢図会」）

1　イ

解説 輸入額が輸出額を大
きく上回るイがアメリカ合
衆国。アは中国，ウはドイ
ツ，エは日本。

□2* 次のグラフは，日本の輸出入品の変化を示して
いる。グラフ中の a に共通してあてはまる貿易
品を，あとのア〜エから1つ選べ。

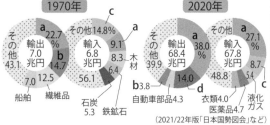

(2021/22年版「日本国勢図会」など)

ア　自動車　　イ　機械類
ウ　原油　　　エ　鉄鋼

2　イ

解説 b は鉄鋼，c は原油，
d は自動車。

□3 貿易の不均衡から生じる，国と国との対立であ
る貿易摩擦は，世界の各国で深刻な問題となっ
ている。貿易の収支において，輸入額が輸出額
を上回ることを何というか。

3　貿易赤字

解説 輸出額が輸入額を上
回ることを貿易黒字という。

◎貿易問題を解決するために

▶貿易摩擦→貿易の不均衡から生じる国と国との対立。

▶世界貿易機関（WTO）→自由貿易や貿易摩擦の解決を進める機関。

12 日本の地域区分

重要度
★☆☆

問題 次の各問いに答えなさい。

解答

◉7つの地域区分

□ 1 右の**地図1**のように7つに地方区分した場合，a～dの地方名を答えよ。

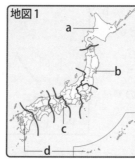
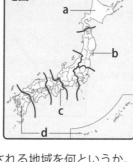

地図1

□ 2 1のように7つの地方に区分するほかに，ある都市を中心として，人々の生活上の結びつきで区分される地域を何というか。

□ 3 7地方区分で，栃木県は何地方に属すか。

□ 4 3の地方に，東京都との結びつきが強い山梨県を加えた地域区分を何というか。

□ 5 中部地方を3つに分けた右の**地図2**中の中央部の地域を何というか。

地図2

□ 6 中部地方の県のうち，海に面していない県をすべて答えよ。

□ 7 中国地方を中国山地を境に南北に2つに分けた，右の**地図3**中のa・bの地方名を答えよ。

地図3

1 a 北海道地方
  b 東北地方
  c 近畿地方
  d 九州地方

2 都市圏

3 関東地方

4 首都圏
解説 山梨県は7地方区分では，中部地方に属す。

5 中央高地
解説 太平洋側は東海地方，日本海側は北陸地方。

6 山梨県，長野県，岐阜県

7 a 山陰地方
  b 山陽地方

得点
アップ
UP

◉その他の地域区分

▶ 2つに区分→東日本と西日本。　3つに区分→東北日本，中央日本，西南日本。

▶ 中国・四国地方は，山陰地方・瀬戸内地方・南四国地方に分けることもある。

社会

理科

数学

英語

国語

13 九州地方 ①

重要度
☆☆☆

問題 次の各問いに答えなさい。

解答

◎自　然

□1 右の地図中の a の平野, b の山地, c の台地, d の山をそれぞれ何というか。

□2* 世界最大級のカルデラがある山を, 右の地図中のア〜エから1つ選べ。

□3 南西諸島で見られる, さんご虫の遺骸などが積もって形成される, 石灰質の地形を何というか。

1 a 筑紫平野
　 b 九州山地
　 c シラス台地
　 d 桜島(御岳)

2 イ

解説 アはくじゅう連山, イは阿蘇山, ウは雲仙岳, エは霧島山。

3 さんご礁

◎農　業

□4* 上の地図中の a の平野で行われている, 稲の裏作に麦を栽培する農業を何というか。

□5 山がちな地域で山地の斜面につくられる水田を何というか。

□6* 暖かい気候を利用し, ビニールハウスなどで野菜の生育を早める促成栽培が行われている宮崎県の平野はどこか。

□7 肉牛の県別飼育頭数割合のグラフを, 右のア〜ウから1つ選べ。

4 二毛作

解説 筑紫平野は九州地方を代表する稲作地帯。

5 棚田

6 宮崎平野

解説 ピーマンやきゅうりなどの野菜がつくられている。

7 イ

解説 アは茶, ウはみかん。

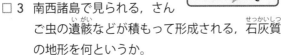

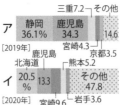

	三重7.2	その他
ア	静岡 36.1%	鹿児島 34.3	14.6

[2019年] 宮崎4.3 京都3.5

	鹿児島	熊本5.2
	北海道	
イ	20.5 %	13.3	その他 47.8

[2020年] 宮崎9.6 岩手3.6

	和歌山	静岡
ウ	21.0 %	愛媛 16.8	11.5	その他 32.7

[2019年] 長崎7.2 熊本10.8
(2021年版「日本のすがた」)

得点
アップ
UP

◎九州地方の気候と自然災害
▶気候→冬でも温暖で, 梅雨の時期から秋にかけては雨が多い。
▶自然災害→豪雨や火山の噴火による自然災害が多い。

14 九州地方 ②

重要度
☆☆☆

問題 次の各問いに答えなさい。

解答

社会 理科 数学 英語 国語

◎工 業

□ 1* 鉄鋼業を中心に発展した九州北部の工業地域を何というか。

1 北九州工業地域

□ 2 1960年代に，エネルギー源が石炭から石油に転換したことを何というか。

2 エネルギー革命

解説 北九州工業地域での鉄鋼の生産量が大幅に減った。

□ 3 九州はIC（集積回路）工場が集中し，電子部品工業が盛んであることから，何とよばれるか。

3 シリコンアイランド

□ 4 広い工場用地や安くて豊富な労働力が得られたことから，自動車工業が盛んになった九州をさして何というか。

4 カーアイランド

◎環境問題

□ 5* 四大公害病の1つである水俣病は水俣市を中心に発生した。右の地図中のア〜エから，水俣市を1つ選べ。

5 ウ

解説 四大公害病はほかに，新潟水俣病，イタイイタイ病，四日市ぜんそく。

□ 6 温室効果ガスの大幅な削減に取り組む都市として，政府から選定されている北九州市や水俣市のような都市を何というか。

6 環境モデル都市

□ 7 北九州市や水俣市で行われている，廃棄物ゼロを目ざし，資源循環型社会を構築しようとする事業を何というか。

7 エコタウン事業

得点アップのP

◎沖縄県のすがた
▶ 琉球王国→15世紀はじめに成立した。首里城跡は世界文化遺産。
▶ 在日米軍→アメリカ軍基地の面積の約75％が沖縄に集中している。

15 中国・四国地方 ①

重要度
☆☆☆

問題 次の各問いに答えなさい。

解答

◉自　然

□ 1 右の地図中のa,
bの山地, cの
砂丘, dの平野
をそれぞれ何と
いうか。

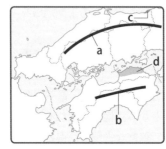

□ 2* 中国・四国地方
を山陰, 瀬戸内,
南四国の3つに分けた場合, 1年を通して降水
量が少ないのはどの地域か。

1 a 中国山地
b 四国山地
c 鳥取砂丘
d 讃岐平野

2 瀬戸内
解説 山陰では冬に雪が多
く, 南四国では夏に雨が多
い。

◉都市・農村・交通

□ 3 原子爆弾を投下された広島市は, 世界に平和を
訴える都市となっている。この都市を何という
か。

□ 4 過疎化した地域で行われている, 自然や景観を
アピールしたり, 特産品をブランド化してイン
ターネットを通じて全国に販売したりするな
ど, 地域の実情に応じた活性化策を何というか。

□ 5* 瀬戸内海を横切って, 本州と四国を結ぶ3つの
交通路をまとめて何というか。

□ 6* 交通網の整備によって, 農村や地方都市の人々
が大都市に吸い寄せられる現象を何というか。

3 平和記念都市(国
際平和都市)

4 町おこし(村おこ
し・地域おこし)

5 本州四国連絡橋
解説 神戸-鳴門, 児島-
坂出, 尾道-今治の3つの
ルートがある。

6 ストロー現象

得点
アップ
UP

◉降水量の少ない瀬戸内の工夫
▶讃岐平野ではため池, ダムの利用で水を確保。
▶潮の満ち引きと晴天の多い気候を生かして, 塩田がつくられた。

16 中国・四国地方 ②

重要度 ☆☆☆

問題 次の各問いに答えなさい。

解答

社会
理科
数学
英語
国語

◉農業・漁業

□ 1* 高知平野で行われている，暖かい気候を利用して，ビニールハウスなどで野菜の生育を早める栽培（さいばい）方法を何というか。

1 促成（そくせい）栽培

□ 2 鳥取砂丘（さきゅう）で栽培が盛んな農作物を，次から1つ選べ。

　ア　みかん　　　　イ　ピーマン
　ウ　らっきょう　　エ　きゅうり

2 ウ

解説 かんがいによって砂地を耕地化することに成功した。

□ 3 広島湾（わん）で盛んに養殖が行われている海産物は何か。

3 かき

◉工業

□ 4* 瀬戸内海（せとないかい）沿岸の工業が盛んな都市によって形成されている工業地域を何というか。

4 瀬戸内（せとうち）工業地域

解説 瀬戸内海の水運を利用して，原料を輸入し，工業製品を輸出することができ，沿岸部に発達した。

□ 5* 倉敷市（くらしき）の水島（みずしま）や周南市（しゅうなん）などにあり，パイプラインで結びついて生産を行う，石油化学に関連する工場の集団を何というか。

5 石油化学コンビナート

□ 6 右のグラフは，4の工業地域の製造品出荷額等の構成を示している。グラフ中のア〜エの中から，機械にあたるものを1つ選べ。

6 ア

解説 イは化学，ウは金属，エは食料品。

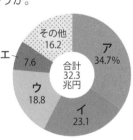

その他 16.2
ア 34.7%
エ 7.6
合計 32.3 兆円
ウ 18.8
イ 23.1

[2018年]（2021/22年版「日本国勢図会」）

☀得点アップP

◉瀬戸内工業地域の重要都市

▶ 石油化学工業→倉敷市水島，周南市，新居浜市（にいはま）　　▶ 鉄鋼業→福山市（ふくやま）

▶ 自動車工業→広島市　　▶ 造船業→呉市（くれ），尾道市（おのみち）

17 近畿地方 ①

重要度 ☆☆☆

問題 次の各問いに答えなさい。

解答

◉自然と歩み

□1 右の地図中の**a**の平野，**b**の湖，**c**の河川，**d**の山地をそれぞれ何というか。

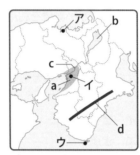

□2 地図中の**b**の湖では，排水に含まれる窒素やリンなどによって，栄養分が増えすぎる現象がおこった。この現象を何というか。

□3* **b**の湖も登録されている，水辺や湿地の生態系を保全するための条約を何というか。

□4 右の雨温図は，地図中の**ア**〜**ウ**のどの都市のものか。

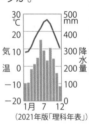

（2021年版「理科年表」）

□5 京都市や奈良市の文化財の多くは，ユネスコの（　　）に登録されている。（　　）にあてはまる語句を答えよ。

□6 1995年に発生した地震による，近畿地方を中心とした大規模災害を何というか。

□7 都市中心部の住宅地不足を解消するために，1960年代以降，千里や泉北などに造られた，計画的な大規模住宅地を何というか。

1　a 大阪平野
　　b 琵琶湖
　　c 淀川
　　d 紀伊山地

2　富栄養化

解説 プランクトンが異常繁殖し，アオコや赤潮が発生した。

3　ラムサール条約

4　ウ

解説 夏の降水量が多いので，太平洋側の都市の雨温図である。

5　世界（文化）遺産

解説 近畿地方では6か所が世界文化遺産に登録されている（2021年）。

6　阪神・淡路大震災

7　ニュータウン

得点
アップ
UP

◉近畿地方の世界遺産
▶文化遺産→法隆寺地域の仏教建造物，姫路城，古都京都の文化財，古都奈良の文化財，紀伊山地の霊場と参詣道，百舌鳥・古市古墳群。

18 近畿地方 ②

重要度 ☆☆☆

問題 次の各問いに答えなさい。

解答

◉農業・林業

□ 1* 右のグラフは，みかんの県別収穫量割合を示している。

a 21.0%	愛媛 16.8	静岡 11.5	熊本 10.8	その他 32.7

合計 74.7万t
[2019年] (2021年版「データでみる県勢」)
└長崎7.2

aにあてはまる近畿地方の府県はどこか。

1 和歌山県

解説 和歌山県は梅の収穫量も全国1位である（2019年）。

□ 2 奈良県の吉野地方で産出し，酒だるなどに使用されている木材は吉野（　）である。（　）にあてはまる語句を答えよ。

2 杉

◉工業

□ 3* 大阪市と神戸市を中心として，大阪湾沿岸に広がる工業地帯を何というか。

3 阪神工業地帯

□ 4* 大阪湾沿岸には大工場が多いが，東大阪市や八尾市などには（　）工場が多い。（　）にあてはまる語句を答えよ。

4 中小

解説 人工衛星を製造するなど高度な技術をもつ中小工場もある。

□ 5 伝統的工芸品として，高品質な刃物がつくられている大阪府の都市はどこか。

5 堺（市）

□ 6 大阪は卸売業が盛んで，大阪市内には特定の商品を扱う（　）が形成されている。（　）にあてはまる語句を答えよ。

6 問屋街

□ 7* 1994年に開港した，大阪府の泉州沖にある国際空港を何というか。

7 関西国際空港

得点アップUP

◉阪神工業地帯のあゆみ
▶第二次世界大戦前→せんい工業を中心に発展。日本最大の工業地帯に。
▶第二次世界大戦後→鉄鋼業や石油化学工業が発達するも，地位は低下。

社会 理科 数学 英語 国語

19 中部地方 ①

重要度 ☆☆☆

問題 次の各問いに答えなさい。

解答

◎自然と区分

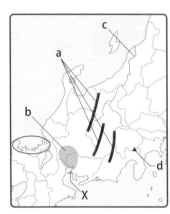

□ 1 右の地図中の a の山脈の総称, b の平野, c の河川, d の山をそれぞれ何というか。

□ 2 中部地方を 3 つの地域に分けたとき, 新潟県が含まれる地域を何というか。

□ 3* 地図中の〇〇〇で囲まれた地域に見られる, 入り江と岬が複雑に入り組んだ海岸地形を何というか。

□ 4 木曽川, 長良川, 揖斐川の下流域に見られる, 水害を防ぐために, 周囲を堤防で囲んだ地域を何というか。

◎世界との結びつき

□ 5* 地図中の X の空港を何というか。

□ 6 愛知県の県庁所在地を中心として, 岐阜県や三重県にも広がる都市圏を何というか。

1 a 日本アルプス
　b 濃尾平野
　c 信濃川
　d 富士山
解説 信濃川は日本で一番長い川である。

2 北陸(地方)

3 リアス海岸

4 輪中
解説 現在は, 排水設備が整い, 水害は減少した。

5 中部国際空港
解説 愛知県常滑市沖にある, 24時間運行可能な海上空港。愛称はセントレア。

6 名古屋大都市圏

得点
アップ
UP

◎中部地方の気候
▶東海(地方)→冬は乾燥し, 夏は降水量が多い。　▶中央高地→冬は寒さが厳しいが, 降水量は少ない。　▶北陸(地方)→冬は降雪が多く, 豪雪地帯。

20 中部地方 ②

重要度
☆☆☆

問題 次の各問いに答えなさい。

解答

社会

理科

数学

英語

国語

◉産業

□ 1 北陸地方は，通常の米よりも収穫や出荷の時期を早める米の産地である。この米を何というか。

1 早場米
解説 越後平野，金沢平野，富山平野などが産地。

□ 2 右のグラフは，ぶどうとももの県別生産量割合上位5県を示している。a に共通してあてはまる中部地方の県はどこか。

ぶどう
計17.3万t
山形9.5　福岡4.4
| a 長野 21.4% 18.4 | その他 37.2 |
岡山9.1

もも
計10.8万t
山形8.7　その他
| a 28.5% | 福島 25.0 | 長野 11.1 | 20.1 |
和歌山6.6

0　20　40　60　80　100%
[2019年]
(2021/22年版「日本国勢図会」)

2 山梨県
解説 甲府盆地の扇状地で栽培されている。

□ 3 中央高地の高原地帯で，夏でも涼しい気候を利用して栽培されているレタスやキャベツなどの野菜を何というか。

3 高原野菜
解説 収穫を遅らせる抑制栽培が行われている。

□ 4 知多半島や渥美半島で行われている，野菜や果実，草花などをビニールハウスや温室などで育てる農業を何というか。

4 施設園芸農業
解説 渥美半島の電照菊や温室メロンが有名。

□ 5 愛知県から岐阜県南部，三重県北部に広がる工業地帯を何というか。

5 中京工業地帯

□ 6 豊田市や鈴鹿市で盛んな工業は何か。

6 自動車工業
解説 豊田市には日本最大の自動車会社の本社がある。

□ 7 北陸地方で見られる，輪島塗などの伝統産業や富山の売薬などのような，古くからその地方で発達した産業を何というか。

7 地場産業

得点
アップ
UP

◉静岡県の太平洋岸に広がる東海工業地域
▶ 浜松市→オートバイ
▶ 富士市→製紙・パルプ
▶ 静岡市→食料品，石油精製
▶ 沼津市，三島市→金属，機械

21 関東地方 ①

重要度
☆☆☆

問題 次の各問いに答えなさい。

解答

◎自然・交通

□1 右の地図中の**a**の山地，**b**の平野，**c**の河川，**d**の半島をそれぞれ何というか。

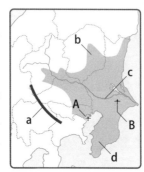

□2* 地図中の**b**の平野をおおっている，火山灰が堆積した赤土を何というか。

□3* 関東地方で冬に吹く，冷たく乾いた北西の季節風を何というか。

□4* 地図中の**A**，**B**の空港をそれぞれ何というか。

□5 東京に集中する国の研究機関や大学を移転させた，茨城県にある学園都市を何というか。

□6* 東京の郊外では，夜間人口と昼間人口のどちらが多くなるか。

□7 東京大都市圏に人口や産業などが過度に集中していることを何というか。

□8 7により，東京大都市圏で生じた，交通渋滞や大気汚染，ごみの増加などの問題を何というか。

□9 8の問題を解決するために，都心を新しくつくりなおすことが行われている。これを何というか。

1 a 関東山地
　 b 関東平野
　 c 利根川
　 d 房総半島

2 関東ローム
解説 富士山や浅間山の噴火により堆積した。

3 からっ風
解説 群馬県の上州からっ風が有名。

4 A 東京国際空港
　 （羽田空港）
　 B 成田国際空港

5 筑波研究学園都市

6 夜間人口

7 一極集中

8 都市問題（過密化の問題）

9 （都市）再開発
解説 再開発により都心の人口が増加した。

得点
アップ
UP

◎東京都に属する小笠原諸島

▶気候と自然→亜熱帯性の気候。1年を通じて温暖。さんご礁が発達。

▶世界自然遺産→2011年6月に日本で4番目の世界自然遺産として登録。

22 関東地方 ②

重要度 ☆☆☆

問題 次の各問いに答えなさい。

解答

◎農　業

□ 1* 千葉県や茨城県で行われている，大都市に向けて野菜などを出荷する農業を何というか。

1　近郊農業

□ 2 右のグラフは，はくさいの都道府県別の収穫量割合を示している。aにあてはまる関東地方の都県はどこか。

はくさい
計87.4万t

[2019年]

長野 26.6%	a 26.0	群馬3.4 北海道2.9 千葉2.6 その他 38.5

0　20　40　60　80　100%
（農林水産省）

2　茨城県
解説 野菜の産出額は，北海道が1位，茨城県が2位，千葉県が3位である（2019年）。

□ 3 群馬県嬬恋村のキャベツのように，大都市から遠くても，航空機や高速道路などを使って大都市に出荷する園芸農業を何というか。

3　輸送園芸農業

◎工　業

□ 4* 東京，川崎，横浜を中心として，関東地方南部に広がる工業地帯を何というか。

4　京浜工業地帯

□ 5* 千葉県の東京湾岸を埋め立ててつくられた工業地域を何というか。

5　京葉工業地域

□ 6* 関東地方の群馬県・栃木県・茨城県に広がる工業地域を何というか。

6　北関東工業地域
解説 近年は，京浜工業地帯より出荷額が多い。

□ 7 右のグラフは，印刷・同関連業の都道府県別出荷額割合である。aにあてはまるの都県はどこか。

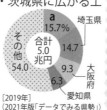

合計 5.0 兆円

a 埼玉県 15.7%
14.7
大阪府 9.3
愛知県 6.3
その他 54.0

[2019年]
（2021年版「データでみる県勢」）

7　東京都
解説 東京都には出版社や新聞社が集中しているため，印刷業の出荷額が多い。

得点
アップ
UP

◎関東の工業地帯・地域の変遷

▶ かつては臨海部に鉄鋼，造船，石油化学などの大工場が進出して発展
→1970年代以降，高速道路の整備により北関東に自動車などの工場が進出。

（社会）（理科）（数学）（英語）（国語）

23 東北地方 ①

重要度
☆☆☆

問題 次の各問いに答えなさい。

解答

◎自　然

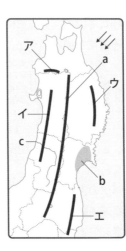

□1 右の地図中の**a**の山脈，**b**の平野，**c**の河川をそれぞれ何というか。

□2* 世界自然遺産に登録されている白神山地を，地図中の**ア**〜**エ**の山地・高地から1つ選べ。

□3* 地図中の→の，夏に吹く冷たく湿った北東からの風を何というか。

◎文化と生活

□4 青森市で8月上旬に行われる東北三大祭りの1つは何か。

□5 秋田県のなまはげや角館の祭りなど，民俗文化財の中でも国から特に重要であると指定された無形文化財を何というか。

□6 かつて東北地方で盛んだった，冬に都市で働いて，収入を得ることを何というか。

□7 企業の支社や中央省庁の出先機関が集まっている，東北地方の地方中枢都市は何市か。

1 a 奥羽山脈
b 仙台平野
c 最上川

2 ア
解説 広大なブナの原生林が残っており，天然記念物のクマゲラやイヌワシが生息している。

3 やませ
解説 やませが続くと，稲などの農作物の生育が悪くなる冷害がおこることがある。

4 （青森）ねぶた祭
解説 ほかの2つは，秋田の竿燈まつり，仙台の七夕まつり。

5 重要無形民俗文化財

6 出かせぎ

7 仙台市

得点
アップ
UP

◎伝統文化の変容
▶祭りや年中行事は，もともとは農作業のサイクルと関連するものであった
→都市化や近代化で，なくなったり，観光の要素が強くなったりした。

24 東北地方 ②

重要度
☆☆☆

問題 次の各問いに答えなさい。

解答

◉農業・漁業

□ 1 東北地方は米の生産量が多いことから，日本の
何とよばれているか。

1 穀倉地帯

□ 2 1970年代になって，米が余るようになると，政
府は米の生産量を減らす政策を行った。この政
策を何というか。

2 減反政策

解説 世界のコメとの競争
力を高めるため，政策は
2018年に廃止された。

□ 3* 右のグラフ
は，さくら
んぼの県別
生産量割合を示している。a にあてはまる東北
地方の県はどこか。

さくらんぼ
計1.6万t

北海道9.3

a
73.9%

その他
16.8

[2019年]　　　(2021/22年版「日本国勢図会」)

3 山形県

解説 山形県は洋なしの生
産量も他県より圧倒的に多
く，全国１位である(2019
年)。

□ 4 三陸海岸沖にあって，好漁場となっている，親
潮と黒潮がぶつかりあうところを何というか。

4 潮目(潮境)

解説 プランクトンが繁殖
するため好漁場となる。

◉工業・伝統産業

□ 5 東北地方では，東北自動車道沿いを中心に，計
画的に工場を集中させた（　　）がつくられた。
（　　）にあてはまる語句を答えよ。

5 工業団地

解説 ＩＣ工場が多くでき，
東北自動車道はシリコンロ
ードとよばれている。

□ 6 岩手県の南部鉄器など，古くからの技術や材料
を使ってつくられている工芸品を何というか。

6 伝統的工芸品

□ 7 山形県の天童市でつくられている 6 を，次から
1 つ選べ。
ア 津軽塗　　イ 樺細工　　ウ 将棋駒

7 ウ

解説 アは青森県弘前市，
イは秋田県の角館市。

得点
アップ
ＵP

◉伝統産業と新しい産業
▶ 伝統産業や地場産業→南部鉄器などの伝統的工芸品や酒，みそづくりなど。
▶ 新しい産業→ ＩＣや半導体，電子機器，自動車などをつくる工場が進出。

25 北海道地方 ①

問題 次の各問いに答えなさい。

◎自然と農業

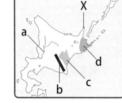

□ 1 右の地図中の a の河川，b の山脈，c の平野，d の台地をそれぞれ何というか。

□ 2 世界自然遺産に登録されている地図中の X の地域を何というか。

□ 3 北海道の太平洋沿岸は夏に冷害がおこることもある。何が発生するためにおきるか。

□ 4 地図中の a の流域の平野で，客土により改良が行われた，農業に適さない土地を何というか。

□ 5 地図中の c の平野で行われている，同じ土地で異なる野菜を順番に栽培する農法を何というか。

□ 6 地図中の c の平野で盛んな農業を，2つ選べ。
　　ア　稲作　　イ　畑作　　ウ　酪農

□ 7 地図中の d の台地では酪農が盛んである。乳用牛の都道府県別飼育頭数割合を示しているグラフを，次のア～ウから1つ選べ。

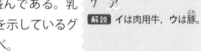

ア
その他 32.1
北海道 60.7%
熊本 3.3
栃木 3.9
［2020年，ウは2019年］

イ
北海道 20.5%
鹿児島 13.3
その他 51.4
宮崎 9.6
熊本 5.2

ウ
13.9%
鹿児島
宮崎 9.1
北海道 7.6
群馬 6.9
千葉 6.6
その他 55.9
（2021/22年版「日本国勢図会」）

解答

1 a 石狩川
　b 日高山脈
　c 十勝平野
　d 根釧台地

2 知床

解説 希少な動植物が生息する生態系が評価され，2005年に世界自然遺産に登録された。

3 濃霧

4 泥炭地

5 輪作

6 イ，ウ

7 ア

解説 イは肉用牛，ウは豚。

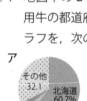

◎北海道の気候

▶気候→日本の大部分は温帯だが，北海道は冷帯（亜寒帯）の気候。

▶梅雨→北海道にはなく，本州以南で主に6月上旬～7月下旬に降る雨。

26 北海道地方 ②

重要度
☆☆☆

問題 次の各問いに答えなさい。

解答

◎漁業と工業

□1 オホーツク海や北太平洋で行われている，さけ，ますなどをとる遠洋漁業を何というか。

□2 北海道の漁業は，とる漁業から養殖業や（　）漁業のような育てる漁業への転換がはかられている。（　）にあてはまる語句を答えよ。

□3 右の地図中の a ～ c の都市で行われている主要な工業を，それぞれ次から選べ。

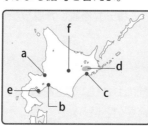

ア 製紙・パルプ　　イ 水産加工　　ウ 乳製品

◎観　光

□4 国立公園であり，ラムサール条約に登録されている地図中の d の湿原を何というか。

□5 地図中の e や f は，環境や防災について学べる観光地としてユネスコに認定されている。地球を学び，丸ごと楽しむことができるこのような場所をカタカナで何というか。

□6 歴史や文化などの観光資源と環境保全の両立を目指す取り組みをカタカナで何というか。

1 北洋漁業
解説 排他的経済水域の設定により，漁獲量が大きく減った。

2 栽培

3 a ウ
　　b ア
　　c イ
解説 a は札幌市，b は苫小牧市，c は釧路市。

4 釧路湿原

5 ジオパーク
解説 「大地」（＝ジオ）の「公園」（＝パーク）という意味。

6 エコツーリズム

得点
アップ
UP

◎北海道の交通
▶青函トンネル…北海道と本州を結ぶ海底トンネル。青森・函館間を北海道新幹線が2016年に開通。
▶新千歳空港…東京国際空港（羽田空港）との間の旅客輸送量は日本2位（2020年）。

27 絶対王政と市民革命

重要度 ☆☆☆

問題 次の各問いに答えなさい。

解答

◉絶対王政と啓蒙思想

☐ 1* 16〜18世紀のヨーロッパで行われた国王による専制政治を何というか。

☐ 2 人は生まれながらに自由・平等であり，それらを侵す政府は倒してもよいと説いたイギリスの思想家はだれか。

☐ 3 『法の精神』の中で，三権分立を説いたフランスの思想家はだれか。

◉市民革命

☐ 4* イギリスで17世紀半ばにおこり，国王を処刑して共和政を始めた革命を何というか。

☐ 5* イギリスで1688年におこり，議会が制定した権利章典を新国王が認めた革命を何というか。

☐ 6* イギリスとの独立戦争中の1776年にアメリカ13州が発表した宣言を何というか。

☐ 7* 1789年におこったフランス革命で出された，右の資料を何というか。

☐ 8 フランスにおいて，クーデターで政権をうばい，1804年に皇帝の地位についた人物はだれか。

第1条　人は生まれながらに，自由で平等な権利を持つ。社会的な区別は，ただ公共の利益に関係のある場合にしか設けられてはならない。
（部分要約）

1　絶対王政
解説 イギリスではエリザベス1世のとき，フランスではルイ14世のときが全盛。

2　ロック

3　モンテスキュー

4　ピューリタン（清教徒）革命
解説 独裁的なクロムウェルの死後，王政が復活した。

5　名誉革命

6　独立宣言

7　（フランス）人権宣言
解説 自由，平等，人民主権，私有財産の不可侵，権力分立などを宣言した。

8　ナポレオン

得点
アップ
UP

◉権利章典と独立宣言の内容

▶ 権利章典→法律の制定や課税には，議会の同意が必要。

▶ 独立宣言→自然権，国民主権，抵抗権など。

28 産業革命の進展と欧米のアジア侵略

重要度 ☆☆☆

問題 次の各問いに答えなさい。

解答

社会 | 理科 | 数学 | 英語 | 国語

◎産業革命の進展

□ 1*　産業革命は，18世紀後半にどこの国からおこったか。

1　イギリス

□ 2　機械や土地をもつ資本家が，労働者を雇って商品を生産するしくみを何というか。

2　資本主義

□ 3　2の発達によっておこる不平等や貧困をなくすために，機械や土地などを社会が共有し，政府の計画で生産活動を行うしくみを何というか。

3　社会主義
解説 経済学者のマルクスらの思想が大きな影響を与えた。

◎欧米のアジア侵略

□ 4　イギリスが右の図のような三角貿易を行ったのは，何の流出を防ぐためか。

イギリス

綿織物　　　茶・絹

インド　　アヘン　　清

4　銀
解説 支払いには銀が利用された。アヘンを清に密輸出することで，清から銀が流出し，イギリスからの銀の流出を防いだ。

□ 5*　1840年にイギリスと清との間でおこった戦争を何というか。

5　アヘン戦争

□ 6*　5の戦争の講和条約を何というか。

6　南京条約

□ 7*　1851年に洪秀全がおこした清への反乱を何というか。

7　太平天国の乱

□ 8*　1857年にインドでおこったイギリスに対する反乱を何というか。

8　インド大反乱

□ 9*　アメリカの北部の州と南部の州が奴隷制と自由貿易をめぐって対立し，1861年におこった戦争を何というか。

9　南北戦争
解説 1863年にリンカン大統領が奴隷解放宣言を発表した。

得点
アップ
UP

◎アヘン戦争後の清とイギリス
▶ 南京条約→清は5港を開港し，香港を割譲。多額の賠償金。
▶ 不平等条約→イギリスに領事裁判権を認める。清の関税自主権はなし。

29 開国と江戸幕府の滅亡

重要度
☆☆☆

問題 次の各問いに答えなさい。

解答

◉外国船の来航と開国

□ 1* 1853年に軍艦4隻を率いて浦賀沖に来航し，日本に開国を求めたアメリカの東インド艦隊司令長官はだれか。

1　ペリー

□ 2* 1854年に再び1の人物が来日し，下田と函館を開港するなどの内容の条約を江戸幕府と結んだ。この条約を何というか。

2　日米和親条約

□ 3* 1858年に，アメリカと結んだ右の資料の条約を何というか。

> 第4条　すべて日本に対して輸出入する商品は別に定めるとおり，日本政府へ関税を納めること。
> （部分要約）

3　日米修好通商条約
解説 関税自主権がなく，アメリカの領事裁判権を認めるなど日本にとって不平等な条約であった。

◉江戸幕府の滅亡

□ 4 幕末に盛んになった，天皇を尊び，外国人を追い払おうとする運動を何というか。

4　尊王攘夷運動

□ 5* 幕府に反対する者を厳しく処罰したが，桜田門外の変で暗殺された幕府の大老はだれか。

5　井伊直弼
解説 井伊が吉田松陰ら反対派を処刑した事件を安政の大獄という。

□ 6* 1866年に，坂本龍馬らの仲立ちで薩摩藩と長州藩が結んだ同盟を何というか。

6　薩長同盟

□ 7* 1867年10月に，第15代将軍徳川慶喜が朝廷に政権を返したことを何というか。

7　大政奉還

□ 8* 1867年12月に朝廷が発表した，天皇中心の新政府をつくるという宣言を何というか。

8　王政復古の大号令
解説 約260年続いた江戸幕府がついに滅亡した。

得点
アップ
UP

◉戊辰戦争(1868 ～ 1869)
▶ 京都での鳥羽・伏見の戦いから函館での五稜郭の戦いまでの新政府軍と旧幕府軍の戦い→旧幕府軍は敗れ，新政府が国内を統一。

30 明 治 維 新

重要度
☆☆☆

問題 次の各問いに答えなさい。

解答

社会

●新政府の政治方針

☐ 1* 1868年に天皇が神に誓うという形で発表した，新政府の政治方針を何というか。

1　五箇条の御誓文

理科

☐ 2* 1869年に新政府が藩主に命じて，土地と人民を天皇に返させたことを何というか。

2　版籍奉還

数学

☐ 3* 1871年に藩を廃止して，代わりに府と県を置いたことを何というか。

3　廃藩置県

☐ 4 江戸時代に差別されていた人々の呼び名を廃止し，平民と同じ身分とするとした1871年の布告を何というか。

4　解放令

解説 武士や百姓，町人の身分を廃止したことを四民平等という。

英語

国語

●明治政府の近代化政策

☐ 5* 欧米列強に対抗するために明治政府が行った，経済力をつけ，軍隊を強くする政策を何というか。

5　富国強兵

☐ 6* 1872年に明治政府が公布した，近代的な学校制度に関する法令を何というか。

6　学　制

☐ 7* 1873年に明治政府が公布した，満20歳以上の男子に兵役の義務を負わせた法令を何というか。

7　徴兵令

解説 徴兵令に反対する一揆がおこった。

☐ 8* 土地の所有者に右の資料のような地券を発行し，課税の基準を収穫高から地価に変更した改革を何というか。

8　地租改正

☐ 9 8の改革で，税率は最初地価の何％だったか。

9　3％

解説 地租改正反対一揆がおこり，2.5％に下がった。

得点
アップ
UP

●初期の明治政府のしくみ

▶ 太政官→明治政府の最高官庁
▶ 正院→太政官の中枢機関
▶ 左院→立法上の補助機関
▶ 右院→行政上の補助機関

31 文明開化と近代的な国際関係

重要度
★★★

問題 次の各問いに答えなさい。

解答

◉ 文明開化と殖産興業

□ 1* 「学問のすゝめ」をあらわし，人間の平等を説いた人物はだれか。

1 福沢諭吉

□ 2* 明治政府が行った北海道開拓のために，日本各地から移住した兵を何というか。

2 屯田兵

□ 3 殖産興業政策として，民間の模範となるように，明治政府が設立した工場を何というか。

3 官営模範工場
解説 群馬県の富岡製糸場など。

◉ 近代的な国際関係

□ 4 不平等条約の改正のために，欧米諸国に派遣された，右の写真の人物らを代表者とする使節団を何というか。

4 岩倉使節団
解説 欧米の制度や文化を視察し，国力を充実させる必要を痛感して帰国した。

□ 5* 1871年に，日本と清が対等な立場で結んだ条約を何というか。

5 日清修好条規

□ 6* 西郷隆盛や板垣退助らが唱えた，朝鮮を武力で開国させようという主張を何というか。

6 征韓論
解説 主張が通らなかった西郷らは政府を去った。

□ 7* 1875年に，日本とロシアが結んだ，樺太をロシア領，千島列島を日本領とする条約を何というか。

7 樺太・千島交換条約

□ 8* 1876年に，日本と朝鮮が結んだ，朝鮮にとって不平等な条約を何というか。

8 日朝修好条規

□ 9* 1879年に，軍隊を送って琉球藩を廃止し，沖縄県を設置したことを何というか。

9 琉球処分

得点
アップ
UP

◉ 1879年，軍隊を送って沖縄県を設置する琉球処分
ゴロ暗記
いやなく (1879年) るしみ　琉球処分

32 自由民権運動の高まり

重要度
☆☆☆

問題 次の各問いに答えなさい。

◉士族の反乱と自由民権運動

□ 1 1874年に，板垣退助らが政府に提出した国会開設の要求を何というか。

□ 2* 1877年に，政府に不満をもつ鹿児島の士族が西郷隆盛を中心におこした戦争を何というか。

□ 3* 1880年に大阪で結成され，約9万人の署名を集めて，政府に国会の開設を迫った政治団体を何というか。

□ 4 1881年に，北海道の開拓使の施設払い下げをめぐっておこった事件を何というか。

□ 5* 1881年にフランスの人権思想に基づいて結成された，板垣退助を党首とする政党を何というか。

□ 6* 1882年にイギリス流の議会政治を目ざして結成された，大隈重信が党首の政党を何というか。

□ 7 1881年ごろ，現在の東京都あきる野市でつくられた，右の資料の民間憲法草案を何というか。

> 日本国民は各自の権利自由を達成することができる。他人が妨害してはならず，国法はこれを保護しなくてはならない。
> （部分要約）

□ 8 1884年に，生活苦にあえぐ農民たちが自由党員とともにおこした，埼玉県の激化事件を何というか。

解答

社会
理科
数学
英語
国語

1 民撰議院設立の建白書

2 西南戦争

解説 これ以後，政府への批判は言論によるものが中心となった。

3 国会期成同盟

4 開拓使官有物払い下げ事件

5 自由党

6 立憲改進党

7 五日市憲法（草案）

解説 人権保障に関する条文が多く，先進的なものであった。

8 秩父事件

解説 不景気によって，借金や重税に苦しむ農民たちがおこした。

得点アップ
◎自由党は板垣退助，立憲改進党は大隈重信
ゴロ暗記
▶ 銃（自由党）で撃たれて　痛（板垣退助）かった
▶ 大きな熊（大隈重信）が　会心（立憲改進党）の一撃

33 立憲国家の成立

重要度
☆☆☆

問題 次の各問いに答えなさい。

解答

◉憲法発布と議会開設

□ 1* 1885年に, 立憲制の開始にそなえ, 太政官制を廃止してできた制度を何というか。

1　内閣制度

□ 2* 1の制度ができ, 最初の内閣総理大臣となった人物はだれか。

2　伊藤博文

□ 3* 1889年に発布された, 右の資料の憲法を何というか。

第1条　大日本帝国ハ万世一系ノ（　）之ヲ統治ス
第3条　（　）ハ神聖ニシテ侵スベカラズ

3　大日本帝国憲法
解説 伊藤博文が君主権の強いプロイセン（ドイツ）の憲法を手本に, 作成した。

□ 4* 右の資料中の（　）に共通してあてはまる語句を答えよ。

4　天　皇
解説 国の元首は天皇であり, 主権は天皇にあった。

□ 5* 1890年に発布された, 国民道徳の基本方針を示した天皇の言葉を何というか。

5　教育勅語

□ 6* 1890年に第1回が開かれた, 3の憲法のもとでの立法機関を何というか。

6　帝国議会

□ 7　6は, 皇族や華族などの議員からなる（①）, 国民の選挙で選ばれた議員からなる（②）の二院制であった。（　）にあてはまる語句を答えよ。

7　①貴族院
　　②衆議院

□ 8　1890年に行われた総選挙で, 選挙権が与えられたのは, 直接国税（①）円以上を納める（②）歳以上の男子であった。（　）にあてはまる数字を答えよ。

8　①15
　　②25
解説 自由民権派の流れをくむ政党が多数の議席を獲得した。

得点
アップ
UP

◉大日本帝国憲法での国民の権利
▶生まれつきの権利ではなく, 天皇から恩恵として与えられた権利
→法律の範囲内という制限つきで権利が認められた。

歴史

34 帝国主義と条約改正

重要度
☆☆☆

問題 次の各問いに答えなさい。

解答

◉条約改正への歩み

□1 19世紀後半に，資本主義が発達して経済力・軍
事力を強めた，ヨーロッパを中心とした国々を
まとめて何というか。

1 列　強

□2* 1が資源や市場をもとめて海外に進出し，他国
を植民地にしようとする動きを何というか。

2 帝国主義

□3 1869年に開通した，地中海と紅海を結ぶ運河を
何というか。

3 スエズ運河

□4 右の資料で描かれた鹿鳴館での
舞踏会のような，不平等条約の
改正のために日本の西洋化を示
そうとした政策を何というか。

4 欧化政策
解説 国民の反発を受け，
欧化政策は失敗した。

□5 1886年，右の資料で描かれ
た和歌山県沖でのイギリス
船沈没事故で，日本人の乗
客が全員水死したが，領事
裁判権によりイギリス人船長は軽い罪ですん
だ。この事件を何というか。

5 ノルマントン号事
件
解説 この事件以後，領事
裁判権の撤廃を求める声が
さらに大きくなった。

□6 1894年に，日本が最初に領事裁判権の撤廃に成
功したときの相手国はどこか。

6 イギリス

□7* 6のときの外務大臣はだれか。

7 陸奥宗光

□8* 1911年に，アメリカとの間で関税自主権の完全
な回復に成功した外務大臣はだれか。

8 小村寿太郎
解説 関税自主権を完全に
回復したことで，日本は欧
米諸国と対等になった。

得点
アップ
UP

◉領事裁判権と関税自主権

▶ 領事裁判権→外国人を本国の領事が本国の法律で裁判する権利。

▶ 関税自主権→輸入国が輸入品に自由に課税できる権利。

35 日清・日露戦争

重要度 ☆☆☆

問題 次の各問いに答えなさい。

解答

●日清戦争

□ 1* 1894年，朝鮮の南部で，東学という宗教を信仰する農民たちが蜂起しておこった反乱を何というか。

□ 2* 日清戦争の講和条約を何というか。

□ 3 2の条約で日本が獲得した遼東半島を，右の地図中のア〜エから1つ選べ。

□ 4* ロシア，ドイツ，フランスが，日本が獲得した遼東半島を清に返還するよう求めたことを何というか。

1 甲午農民戦争（東学党の乱）

解説 東学とは，西学（カトリック）に対抗しておこった朝鮮の宗教。

2 下関条約

3 イ

4 三国干渉

解説 日本は対抗する力がなく，還付金を得て，遼東半島を返還した。

●日露戦争

□ 5* 1899年に清で宗教結社が排外運動をおこし，翌年に北京の各国公使館を包囲したものの，列強8か国によって鎮圧された事件を何というか。

□ 6* 1902年に日本とイギリスが結んだ同盟を何というか。

□ 7 日露戦争に対して，キリスト教徒の立場から非戦論を主張した人物はだれか。

□ 8 日露戦争に出兵した弟を思い，「君死にたまふことなかれ」という詩を発表した人物はだれか。

□ 9* 日露戦争の講和条約を何というか。

5 義和団事件

6 日英同盟

解説 ロシアの南下をおさえるために結ばれた。

7 内村鑑三

8 与謝野晶子

9 ポーツマス条約

得点アップ UP

●日露戦争後の日本
▶戦争の犠牲が大きかったわりには，賠償金が得られなかった
→国民の不満が高まり，日比谷焼き打ち事件がおこった。

36 韓国併合と辛亥革命

重要度
☆ ☆ ☆

問題 次の各問いに答えなさい。

解答

社会 / 理科 / 数学 / 英語 / 国語

◉韓国併合と満鉄

□ 1 1905年，日本は韓国を保護国とし，韓国統監府
を置いた。初代統監はだれか。

□ 2* 1910年，日本が武力を背景に韓国を植民地化し
たことを何というか。

□ 3 2により設置された，朝鮮支配のための機関を
何というか。

□ 4 1906年，満州で設立
された，右の写真に
見られる半官半民の
鉄道会社を何というか。

1 伊藤博文
解説 1909年に韓国の民族
運動家に暗殺された。

2 韓国併合
解説 1945年まで植民地支
配は続いた。

3 朝鮮総督府

**4 南満州鉄道株式会
社（満鉄）**
解説 炭鉱や製鉄所なども
経営した。

◉清の滅亡

□ 5* 中国でおこった，清を倒し，近代国家を目ざす
革命運動の中心となった人物はだれか。

□ 6* 5の人物が唱えた，民族主義，民権主義，民生
主義を合わせて何というか。

□ 7* 1911〜12年に，清を倒して，5の人物を臨時大
総統とする新しい国家の樹立が宣言された革命
を何というか。

□ 8* 7の革命によって1912年に成立した，南京を首
都とする新しい国を何というか。

5 孫文
スン　ウェン

6 三民主義

7 辛亥革命

8 中華民国
解説 アジア最初の共和国
となった。

得点
アップ
UP

◉韓国併合で行われたこと
▶ 同化政策→学校で日本語や日本の歴史を強制的に教えた。
▶ 土地調査事業→多くの農民が土地を失い，満州や日本に移住した。

37 日本の産業革命と近代文化

重要度 ☆☆☆

問題 次の各問いに答えなさい。

解答

◉近代産業の発展と社会問題

□ 1* 日清戦争の賠償金などをもと
に設立され，1901年に操業を
開始した右の写真の製鉄所を
何というか。

□ 2 日本で産業革命が進み，多く
の企業を経営するようになっ
た三井・三菱・住友などの資本家を何というか。

□ 3 1910年，天皇暗殺をくわだてたとして，幸徳秋
水ら社会主義者が逮捕され，翌年，12名が処刑
された事件を何というか。

◉近代文化の形成

□ 4 岡倉天心に師事し，「無我」など近代的な日本
画の作品を描いた画家はだれか。

□ 5 フランスに留学し，印象派の画風を日本に導入
して『湖畔』などの作品を描いた画家はだれか。

□ 6 明治時代の女性の小説家で，『たけくらべ』な
どの作品を書いたのはだれか。

□ 7* イギリスに留学し，帰国後は『坊っちゃん』な
どの作品を書いた小説家はだれか。

□ 8 アフリカでの黄熱病の研究中に，自らも感染し
て亡くなった細菌学者はだれか。

解答

1 **八幡製鉄所**
解説 日本の鉄鋼業の発展
に大きく貢献した。

2 **財閥**
解説 一方で，労働者は苛
酷な労働条件で働き，労働
争議が増えた。

3 **大逆事件**
解説 幸徳秋水をはじめ，
無実の者がほとんどであっ
た。

4 **横山大観**

5 **黒田清輝**

6 **樋口一葉**

7 **夏目漱石**

8 **野口英世**

得点アップUP

◉日本の産業の発展
▶1880年代→せんい工業などの軽工業を中心に産業革命が進む。
▶1900年代→鉄鋼業や造船業などの重工業が発展。

38 第一次世界大戦と日本

重要度 ☆☆☆

問題 次の各問いに答えなさい。

解答

社会

理科

数学

英語

国語

◉第一次世界大戦

□ 1* 右の図のX・Yの陣営を
それぞれ何というか。

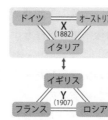

ドイツ ━━ オーストリア
X (1882)
イタリア
↕
イギリス
Y (1907)
フランス ━━ ロシア

□ 2* 第一次世界大戦がおこる
前,「ヨーロッパの火薬
庫」とよばれていた半島
を何というか。

□ 3 兵士と物資を大量に用意するために, 国力のす
べてを戦争に向ける体制を何というか。

□ 4 1914年に, オーストリアの皇位継承者夫妻が暗
殺された都市はどこか。

□ 5* 1915年に日本が中国に
示した, 右の資料を何
というか。

― 中国政府は, ドイ
ツが山東省にもってい
る一切の権益の処分に
ついて, 日本とドイツ
との協定にまかせる。

□ 6* 連合国とドイツの間で
結ばれた, 第一次世界
大戦の講和条約を何というか。

◉ロシア革命

□ 7* 1917年におきたロシア革命の指導者はだれか。

□ 8 ロシア革命に干渉するために, アメリカや日本
などはどこに出兵したか。

□ 9 ロシア革命によって成立した, 世界初の社会主
義国家を何というか。

1　X 三国同盟
　Y 三国協商
解説 日本は日英同盟を理
由にY側に立って参戦。

2　バルカン半島

3　総力戦

4　サラエボ

5　二十一か条の要求

6　ベルサイユ条約

7　レーニン

8　シベリア

9　ソ連(ソビエト社
会主義共和国連邦)
解説 私有財産を制限し,
土地や産業を国有化する共
産主義化が進められた。

得点
アップ
UP

◉第一次世界大戦で使用された新兵器
▶第一次世界大戦では, 戦車, 飛行機, 毒ガス, 潜水艦などが戦
場で使用された。

39 第一次世界大戦後の世界と日本

重要度
☆☆☆

問題 次の各問いに答えなさい。

解答

●第一次世界大戦後の世界

□ 1* 民族自決をふくむ「十四か条の平和原則」を発
表し，第一次世界大戦後の世界秩序（ちつじょ）を示したア
メリカ大統領はだれか。

1　ウィルソン

□ 2* 1の提案をもとに1920年に発足した，世界平和
と国際協調を目的とする組織を何というか。

2　国際連盟

□ 3* 1921年から22年にかけてアメリカで開かれた，
軍縮会議を何というか。

3　ワシントン会議

□ 4* 1919年にドイツで制定された，労働者の基本的
権利の保障や男女普通選挙などを定めた憲法を
何というか。

4　ワイマール憲法

●アジアの民族運動

□ 5* パリ講和会議中に朝鮮半島でおこった，日本か
らの独立を宣言してデモ行進した運動を何とい
うか。

5　三・一独立運動

□ 6 パリ講和会議の後，中国でお
こった帝国主義に反対する全
国的な運動を何というか。

6　五・四運動

□ 7 インドでイギリスに対する非
暴力・不服従（ていこう）の抵抗運動を指
導した，右の写真の人物はだ
れか。

7　ガンディー

得点
アップ
ＵＰ

◎国際連盟の常任理事国
▶日本・イギリス・フランス・イタリアが常任理事国となったが，アメリカ
は国内の反対によって加盟しなかった。

40 大正デモクラシー

重要度 ☆☆☆

問題 次の各問いに答えなさい。

解答

社会 / 理科 / 数学 / 英語 / 国語

◉大正デモクラシーと社会運動

□ 1 1912年に桂太郎内閣が成立すると，藩閥を倒して，憲法にもとづいた政治を守ろうとする第一次（　　）がおこった。（　　）にあてはまる語句を答えよ。

1 護憲運動

□ 2★ 吉野作造が唱えた，普通選挙による民意を政治に反映させるべきであるという考えを何というか。

2 民本主義

□ 3★ シベリア出兵を見越した米の買い占めからおこった，米の安売りを求める運動を何というか。

3 米騒動
解説 富山県の漁村から始まった。

□ 4★ 3の影響で寺内内閣が退陣したあとに成立した，最初の本格的な政党内閣の首相はだれか。

4 原 敬

□ 5 労働者の待遇などをめぐる労働者と経営者の間の争いを何というか。

5 労働争議
解説 農村における小作料の減額などをめぐる小作人と地主の争いは小作争議。

□ 6★ 差別からの解放を目ざした，1922年に京都で結成された組織を何というか。

6 全国水平社

□ 7★ 青鞜社を結成し，女性の解放を唱えた右の写真の人物はだれか。

7 平塚らいてう

□ 8★ 1925年に制定された，満25歳以上の男子に選挙権を与えた法律を何というか。

8 普通選挙法

□ 9 1925年に制定された，共産主義などを取り締まる法律を何というか。

9 治安維持法

得点アップりP
◉選挙権の変遷（法改正年）
▶1889年→直接国税15円以上を納める満25歳以上の男子，1925年→満25歳以上の男子，1945年→満20歳以上の男女，2016年→満18歳以上の男女。

41 大正時代の文化

重要度
☆☆☆

問題 次の各問いに答えなさい。

解答

◉大衆文化

□ 1　大正時代になると，発行部数が100万部を超えるものも現れるようになったメディアは何か。

1　新聞

□ 2　大正時代には国産の活動写真が製作されるようになった。活動写真とは，現在の何のことか。

2　映画

□ 3* 1925年に東京・名古屋・大阪で放送が始まり，やがて全国的に普及したメディアは何か。

3　ラジオ放送

□ 4　『善の研究』をあらわした，西洋と東洋の哲学を融合させようと試みた哲学者はだれか。

4　西田幾多郎

□ 5* 『羅生門』『蜘蛛の糸』などの作品を発表した，右の写真の人物はだれか。

5　芥川龍之介

□ 6* 小林多喜二の作品に代表される，労働者の生活を描いた文学を何というか。

6　プロレタリア文学

□ 7　日本初の職業オーケストラを作った人物はだれか。

7　山田耕筰

□ 8　大正時代に流行した，欧米風の外観や応接室をそなえた住宅を何というか。

8　文化住宅

解説 大正時代には，都市で欧米風の生活様式が広まった。

□ 9　1923年9月1日，東京・横浜を中心におこったマグニチュード7.9の大地震による災害を何というか。

9　関東大震災

解説 混乱の中で朝鮮人や中国人，社会主義者などが殺殺された。

得点
アップ
UP

◉女性の社会進出

▶大正時代には，女性の社会進出が進み，バスで運賃の受け取りや案内を行う仕事，電話交換手の仕事などにつく女性が増加した。

42 世界恐慌と各国の動き

重要度
☆☆☆

問題 次の各問いに答えなさい。

解答

社会 理科 数学 英語 国語

◉世界恐慌とその対策

□1 世界恐慌に対応するため，積極的に公共事業を おこすなどしたアメリカの政策を何というか。

□2 1を行った，当時のアメリカ大統領はだれか。

□3* イギリスやフランスが世界恐慌に際して行った，本国と植民地の中だけで経済を成り立たせた政策を何というか。

◉ソ連とファシズム

□4 ソ連による，5年単位で農業の集団化や重工業化を進めた計画経済を何というか。

□5 右のグラフは日本，アメリカ，イギリス，ソ連，ドイツの鉱工業生産の年平均指数を示したものである。ソ連にあたるものをグラフのア～オから選べ。

（年平均，1929年=100）
300
200
100
0
1927 28 29 30 31 32 33 34 35年
（「明治以降 本邦主要経済統計」）

□6* イタリアでファシスト党を率い，1922年に首相となったのはだれか。

□7* ドイツでナチスを率い，1933年に首相となったのはだれか。

□8 国家全体の利益を重視し，個人の自由や民主主義を否定する考え方を何というか。

1 ニューディール
（新規まき直し）
解説 農業や工業の生産を調整したり，労働組合を保護したりもした。

2 （フランクリン=）ローズベルト

3 ブロック経済

4 五か年計画

5 ア
解説 イは日本，ウはイギリス，エはドイツ，オはアメリカ。

6 ムッソリーニ

7 ヒトラー
解説 ナチスの正式名称は「国民社会主義ドイツ労働者党」。

8 全体主義

得点
アップ
UP
◉世界恐慌の影響
▶植民地が少なかった日本やドイツ，イタリアなどは，新たな植民地の獲得のために動くようになった。

43 恐慌発生後の日本

重要度
☆☆☆

問題 次の各問いに答えなさい。

解答

◉日本の中国侵略

□ 1 世界恐慌の影響を受けて，1930年に入って日本で発生した深刻な不景気を何というか。

1 昭和恐慌

□ 2* 1931年に，奉天郊外の南満州鉄道の爆破を中国側の仕業として，関東軍が開始した軍事行動を何というか。

2 満州事変
解説 清の最後の皇帝溥儀を元首としたが，実質的には日本が支配をした。

□ 3* 2の翌年，右の地図中のaの地域を占領して建てた国を何というか。

3 満州国

□ 4* 1932年に海軍の青年将校などが犬養毅首相を暗殺した事件を何というか。

4 五・一五事件
解説 1936年には陸軍の青年将校が大臣などを殺傷する二・二六事件がおきた。

□ 5* 1937年に北京郊外でおこった，日中両軍の衝突から始まった戦争を何というか。

5 日中戦争

□ 6 1937年に，日本に対抗するため，毛沢東率いる共産党が蔣介石率いる国民党によびかけてつくられた協力体制を何というか。

6 抗日民族統一戦線

□ 7* 国民や物資を議会の承認なしに政府が動員できるよう，1938年に制定された法律を何というか。

7 国家総動員法

□ 8* 1940年にすべての政党が解散して，新たに結成された組織を何というか。

8 大政翼賛会

□ 9 植民地の朝鮮で行われた，日本語使用の強要や創氏改名などの政策を何というか。

9 皇民化政策

得点
アップ
UP

◉日中戦争までの流れ

▶ 満州事変(1931年)→五・一五事件(1932年)→国際連盟の脱退を通告(1933年)→二・二六事件(1936年)→日中戦争の始まり(1937年)。

歴史 月 日

44 第二次世界大戦，太平洋戦争

重要度
☆☆☆

問題 次の各問いに答えなさい。

解答

社会

理科

数学

英語

国語

◉第二次世界大戦

□ 1 第二次世界大戦が始まったきっかけは，ドイツ
がどこの国を侵攻したことであったか。

1 ポーランド

□ 2* 1940年に日本・ドイツ・イタリアが結んだ同盟
を何というか。

2 日独伊三国同盟

□ 3 アメリカのローズベルト大統領とイギリスのチャーチル首相が1941年に発表した，戦後の平和
構想などを示したものを何というか。

3 大西洋憲章

□ 4* 日本が北方の安全を確保するために，1941年に
ソ連と結んだ条約を何というか。

4 日ソ中立条約

□ 5* 日本海軍がハワイの真珠湾を奇襲攻撃したこと
などから始まった戦争を何というか。

5 太平洋戦争

解説 日本陸軍はイギリス
領のマレー半島に上陸した。

□ 6 空襲による被害を避けるため，都市の小学生が
農村へ集団で移住したことを何というか。

6 集団(学童)疎開

◉第二次世界大戦の終結

□ 7 1945年3月にアメリカ
軍が上陸し，地上戦が
行われた場所はどこか。

7 日本に平和・安全・
正義の秩序が建設され
るまでは，連合国が日
本を占領する。
(一部要約)

7 沖縄

□ 8* 1945年7月に連合国が
発表した右の資料を何
というか。

8 ポツダム宣言

◎終戦までの流れ(1945年)
▶沖縄戦(3月)→ドイツの降伏(5月)→ポツダム宣言発表(7月)→広島に
原爆投下(8月6日)→ソ連の対日参戦(8月8日)→長崎に原爆投下
(8月9日)→ポツダム宣言受諾(8月14日)→天皇の玉音放送(8月15日)。

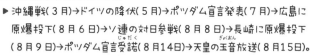

45 日本の民主化と世界の動き

重要度 ☆☆☆

問題 次の各問いに答えなさい。

解答

◎占領と日本の民主化

☐ 1 連合国軍最高司令官総司令部の最高司令官として，日本の戦後改革に指令を出したのはだれか。

1 マッカーサー

☐ 2* 右のグラフのように，自作農を大幅に増加させた政策を何というか。

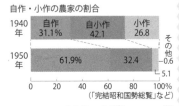

自作・小作の農家の割合

	自作	自小作	小作	その他
1940年	31.1%	42.1	26.8	
1950年	61.9%		32.4	-0.6

5.1

0　20　40　60　80　100%
（「完結昭和国勢総覧」など）

2 農地改革

解説 地主の土地を国が買い上げ，安い価格で小作人に売り渡した。

☐ 3* 日本の経済を支配してきた三井や三菱などの独占資本が解体されたことを何というか。

3 財閥解体

☐ 4* 日本国憲法の三大原則をすべて答えよ。

4 国民主権，基本的人権の尊重，平和主義

◎国際連合と冷戦

☐ 5* 1945年に世界の平和と安全の維持，国際協力の推進などを目的として設立された国際組織を何というか。

5 国際連合

☐ 6 1949年につくられた，資本主義陣営側の軍事同盟を何というか。

6 北大西洋条約機構（NATO）

☐ 7 1949年に成立した，毛沢東を主席とする国を何というか。

7 中華人民共和国（中国）

☐ 8* 1950年に北朝鮮が韓国に侵攻して始まった戦争を何というか。

8 朝鮮戦争

解説 1953年に休戦協定が結ばれた。

得点
アップ
UP

◎日本国憲法の成立までの流れ

▶GHQが草案を作成→GHQの草案を基に日本政府が改正案を作成→帝国議会で審議・修正→公布（1946年11月3日）→施行（1947年5月3日）。

46 日本の独立回復と経済成長

重要度 ☆☆☆

問題 次の各問いに答えなさい。

解答

社会 / 理科 / 数学 / 英語 / 国語

◉日本の国際社会復帰

□ 1 1951年に日本がアメリカなど48か国と結んだ，右の資料の条約を何というか。

> 第1条　(b)連合国は，日本国とその領海に対する日本国民の完全な主権を承認する。

1　サンフランシスコ平和条約
解説 ソ連や中国などは条約に調印しなかった。

□ 2　1の条約を結んだときの内閣総理大臣はだれか。

2　吉田茂

□ 3　1の条約と同日に結ばれた，日本国内にアメリカ軍基地を置くことを認めた条約を何というか。

3　日米安全保障条約（日米安保条約）

□ 4　1955年にインドネシアのバンドンで開催された，平和共存・反植民地主義などを決議した会議を何というか。

4　アジア・アフリカ会議

□ 5　日本とソ連が国交を回復した1956年の外交文書を何というか。

5　日ソ共同宣言
解説 ソ連の賛成により，日本は1956年に国際連合に加盟した。

◉経済大国日本

□ 6　1955年から73年にかけて，日本で年平均10%程度の経済成長が続いたことを何というか。

6　高度経済成長

□ 7　6によって普及した「三種の神器」を3つ答えよ。

7　白黒テレビ，電気洗濯機，電気冷蔵庫

□ 8　6にともなって，全国各地で発生した公害に対応するために1971年に設置された省庁は何か。

8　環境庁
解説 2001年に，環境省へ改編された。

□ 9　1973年に中東戦争がおこったことで，石油価格が大幅に上昇したできごとを何というか。

9　石油危機（オイル・ショック）

得点
アップ
UP

◉平和主義と防衛力
▶1950年に警察予備隊が発足→保安隊を経て，1954年に自衛隊となる。
▶非核三原則：核兵器を「もたず，つくらず，もちこませず」。

歴史

47 国際社会の変化と日本

重要度
☆☆☆

問題 次の各問いに答えなさい。

解答

◉現代の世界と日本

□ 1* 1989年に，冷戦の終結が宣言された米ソ首脳の会談を何というか。

□ 2 1975年から開かれている，主要国首脳会議（先進国首脳会議）をカタカナで何というか。

□ 3 1990年に東西の統一を果たした国はどこか。

□ 4 1991年に解体された社会主義国家はどこか。

□ 5 イラクのクウェート侵攻がきっかけとなって，1991年におこった戦争は何か。

□ 6 1992年に日本が初めて自衛隊の部隊を派遣したのは，国際連合の何という活動か。

□ 7 1993年に非自民連立政権が成立したことで終わった政治体制を何というか。

□ 8* 右のグラフのように，1980年代後半から株式と土地の価格が異常に高くなった好況を何というか。

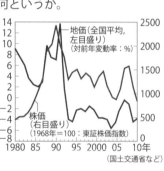

地価（全国平均，左目盛り）（対前年変動率：％）

株価（右目盛り）（1968年＝100：東証株価指数）

（国土交通省など）

□ 9 1995年に，兵庫県南部を震源に発生した大地震とその被害を何というか。

1 マルタ会談

2 サミット

3 ドイツ

4 ソ連（ソビエト社会主義共和国連邦）
解説 ロシア連邦やウクライナなどに分割された。

5 湾岸戦争

6 平和維持活動（PKO）

7 55年体制

8 バブル経済
解説 1991年に崩壊した。

9 阪神・淡路大震災

得点アップ

◉地域の統合
▶1989年に APEC（アジア太平洋経済協力会議）が発足。
▶1993年に EC（ヨーロッパ共同体）が EU（ヨーロッパ連合）へ発展。

48 21世紀の世界

重要度
☆☆☆

問題 次の各問いに答えなさい。

解答

社会 / 理科 / 数学 / 英語 / 国語

●テロリズムと相次ぐ地域紛争

□1 2001年にアメリカで発生した,イスラム教過激派にハイジャックされた民間航空機が高層ビルに突入するなどしたテロ事件を何というか。

1 アメリカ同時多発テロ

解説 同時多発テロを理由に,アメリカはアフガニスタンを攻撃した。

□2 2003年にアメリカなどは大量破壊兵器を保有していると見なして,ある国を攻撃した。この戦争を何というか。

2 イラク戦争

●21世紀の世界と日本

□3 2008年から開催されている,主要国首脳会議(先進国首脳会議)参加国に加えて,経済成長の著しい中国・インド・ブラジルなども参加する会議を何というか。

3 G20サミット

□4 2008年にアメリカの金融機関の破綻から世界中に広がった深刻な不況を何というか。

4 世界金融危機

□5 2011年に宮城県沖を震源とした大地震が発生し,津波,原発事故などで大きな被害が発生したできごとを何というか。

5 東日本大震災

□6* 2015年の国連サミットで採択された,2030年までに達成すべき17の目標を何というか。

6 持続可能な開発目標(SDGs)

解説 貧困の撲滅やクリーンエネルギーの普及などの目標がかかげられた。

□7 2015年に,日本では選挙権年齢が満何歳以上に引き下げられたか。

7 18歳以上

□8 2020年にEUから離脱した国はどこか。

8 イギリス

得点
アップ
UP

◎地球温暖化防止への取り組み

▶京都議定書(1997年)→先進国に CO_2 の削減義務を課す。

▶パリ協定(2015年)→採択した全ての国が削減目標を定める。

理科

物理

月　日

1 電流と電圧の測定

重要度
☆☆☆

問題 次の各問いに答えなさい。

解答

◉回路と電気用図記号

□ 1　電流が流れる道筋を何というか。

□ 2＊ 以下の文の（　）にあてはまる語句を入れよ。

電流は，電源の（ ① ）極から出て，豆電球など
を通り，（ ② ）極に向かって流れる。

□ 3　次の①〜③の電気用図記号は何を表しているか。

①　——／——　　②　⊗　　③　Ⓐ

□ 4　次の①，②を電気用図記号で表せ。
① 電圧計　② 抵抗（抵抗器，電気抵抗，電熱線）

1　回　路

2　①＋

　　②－

3　①スイッチ

　　②電　球

　　③電流計

4　①Ⓥ

　　②——▭——

◉電流計・電圧計の使い方

□ 5　電流計は，回路に直列につなぐ。また，
＋端子に電源の＋極側，－端子に－極側
の導線をつなぐ。

□ 6＊ 電流の大きさが予想できないとき，－極側
の導線は右図の 5 A の－端子につなぐ。

□ 7＊ 右図で，500 mA の－端子につないでいる
ときの電流計が示す値は 340 mA である。

□ 8　電圧計は，回路に並列につなぐ。また，＋
端子に測定したい部分の＋極側，－端子に
－極側の導線をつなぐ。

□ 9＊ 電圧の大きさが予想できないとき，－極側の導線は右図の 300 V の
－端子につなぐ。

□10＊ 右図で，3 V の－端子につないでいるときの電圧の値は 2.80 V である。

得点
アップ
UP

◉電流計・電圧計の－端子の選び方

▶電流や電圧の大きさが予想できないときは，まず最大の－端子につなぐ。

2 回路と電流　重要度 ☆☆☆

問題 次の各問いに答えなさい。

解答

社会　理科　数学　英語　国語

◎直列回路や並列回路に流れる電流

□1 右図のような回路を何というか。

□2* 右図で，各点の電流の大きさを I_A, I_B, I_C としたときの関係を表す次の式を完成させよ。
I_A（①）I_B（②）I_C

□3 右図のような回路を何というか。

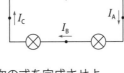

□4* 右図で，各点の電流の大きさを I_A, I_B, I_C, I_D としたときの関係を表す次の式を完成させよ。
I_A（①）I_B（②）I_C（③）I_D

1 **直列回路**
解説 1つの輪になっている回路。

2 ①＝　②＝
解説 直列回路では，回路のどの点でも流れる電流の大きさは同じである。

3 **並列回路**
解説 途中で枝分かれしている回路。

4 ①＝
②＋
③＝
解説 並列回路では，枝分かれした電流の大きさの和は，枝分かれする前や後の電流の大きさと等しい。

◎回路と電流の大きさ

□5 図1のA点には 0.4 A，B点には 0.4 A，C点には 0.3 A，D点には 0.6 A の電流が流れる。
□6 図2のE点には 0.5 A の電流が流れる。

図1　　　　　　　　　　　　　図2

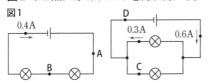
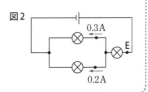

得点アップ

◎直列回路と並列回路の電流の大きさ
▶ 直列回路→各点を流れる電流の大きさはどこも同じである。
▶ 並列回路→枝分かれした後の電流の和は，枝分かれする前の電流と等しい。

3 回路と電圧

重要度
☆☆☆

問題 次の各問いに答えなさい。

解答

◎直列回路や並列回路の電圧の大きさ

□ 1 電流を流そうとするはたらきの大きさを何というか。

□ 2* 右図で，各豆電球に加わる電圧の大きさを V_A, V_B, 電源の電圧の大きさを V としたときの関係を表す次の式を完成させよ。

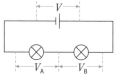

$V_A($ ① $)V_B($ ② $)V$

□ 3* 右図で，各豆電球に加わる電圧の大きさを V_A, V_B, 電源の電圧の大きさを V としたときの関係を表す次の式を完成させよ。

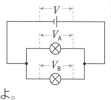

$V_A($ ① $)V_B($ ② $)V$

1 **電 圧**

2 ① +
　② =
解説 直列回路では，各豆電球に加わる電圧の大きさの和は，電源(回路全体)の電圧の大きさと等しい。

3 ① =
　② =
解説 並列回路では，各豆電球に加わる電圧の大きさと，電源(回路全体)の電圧の大きさは等しい。

◎回路と電圧の大きさ

□ 4 図1で，豆電球 A には 2.0 V, B には 4.0 V の電圧が加わる。
□ 5 図2で，豆電球 C には 2.0 V, D には 3.0 V の電圧が加わる。

図1 ← 3.0V →

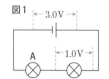

← 1.0V →

← 4.0V →

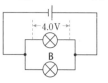

図2 ← 5.0V →

← 2.0V →

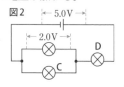

得点
アップ
UP

◎直列回路と並列回路の電圧の大きさ
▶ 直列回路→各部分に加わる電圧の和は，電源の電圧の大きさと等しい。
▶ 並列回路→各部分に加わる電圧の大きさと，電源の電圧の大きさは等しい。

4 オームの法則

重要度
☆ ☆ ☆

問題 次の各問いに答えなさい。

解答

● 電流と電圧の関係，物質の種類と電気抵抗

□ 1* 以下の文の(　)にあてはまる語句を入れよ。
電熱線を流れる電流の大きさは，電圧の大きさ
に(　①　)するという関係を(　②　)という。

□ 2* 右図は，電熱線の電圧と
電流の関係を表したグラ
フである。この電熱線の
抵抗は何Ωか。

□ 3 金属のように，抵抗が小
さく，電流を通しやすい物質を何というか。一
方，ゴムやガラスのように，抵抗が非常に大き
く，電流を通しにくい物質を何というか。

1　①比 例
　　②オームの法則

2　5Ω

解説 200 mA = 0.2 A
オームの法則

$$抵抗[Ω] = \frac{電圧[V]}{電流[A]}$$ より，

$$\frac{1.0\ V}{0.2\ A} = 5\ Ω$$

3　導体，　不導体(絶
縁体)

● 回路と抵抗の大きさ

□ 4* 図1の回路全体の抵抗の大きさは 30 Ωであ
る。

□ 5 図1の電熱線 A には 2 V，電熱線 B には 4 V
の電圧が加わる。

□ 6* 図2の回路全体の抵抗の大きさは 4 Ωであ
る。

□ 7 図2の電熱線 A には 0.4 A，電熱線 B に
は 1.6 A の電流が流れる。

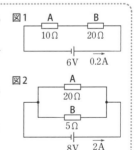

図1

図2

得点
アップ
UP

◎直列回路と並列回路の回路全体の抵抗(合成抵抗)

▶ 直列回路全体の抵抗 R →各部分の抵抗 R_A, R_B の和と等しい。$R = R_A + R_B$

▶ 並列回路全体の抵抗 R →各部分の抵抗 R_A, R_B よりも小さい。

$$R < R_A,\ R < R_B,\ \frac{1}{R} = \frac{1}{R_A} + \frac{1}{R_B}$$

5 電流のはたらき

重要度 ☆☆☆

問題 次の各問いに答えなさい。

解答

◎電力と電力量

□ 1* 電力〔W〕は何と何の積で表されるか。

□ 2 消費電力が 18 W の電球と 90 W の電球を 100 V の電源に並列につないだとき，明るくつくのはどちらか。また，このときの全体の消費電力は何 W か。

□ 3* 次の式の（ ）にあてはまる語句を入れよ。
電力量〔J〕=（ ① ）〔W〕×（ ② ）〔s〕

□ 4 「100V-600W」と表示されているアイロンを3分間使用したときの電力量は何 J，何 Wh か。

1 電圧と電流

2 90 W の電球
108 W

解説 消費電力が大きい電球ほどはたらきが大きいので，明るくつく。全体の消費電力は，各電球の消費電力の和になる。

3 ①電 力
②時 間

4 108000 J，30 Wh

解説 600 W×180 s =
108000 J

◎電熱線の発熱量

□ 5 右図で，電熱線 A，B，C に加える電圧を 6.0 V にして 5 分間電流を流したときに上昇した水の温度を測定した。表は，その結果をまとめたものである。

① 電熱線 A の消費電力は 6 W である。
② 電熱線 B から 1 秒間に発生する熱量は 9 J である。
③ 電熱線 C の 5 分間の発熱量は 5400 J である。
④ 消費電力が大きいほど，発熱量が大きく，水温上昇が大きい。

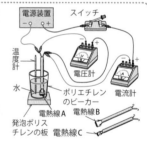

電源装置　スイッチ
温度計　電圧計
水　ポリエチレンのビーカー　電流計
発泡ポリスチレンの板　電熱線A　電熱線B　電熱線C

電熱線	A	B	C
電圧〔V〕	6.0	6.0	6.0
電流〔A〕	1.0	1.5	3.0
上昇温度〔℃〕	4.2	6.3	12.6

得点
アップ
UP

◎電気エネルギー

▶光や音，熱を発生させたり，ものを動かしたりできることを，エネルギーをもつといい，電気のもつエネルギーを電気エネルギーという。

6 静電気と電流

重要度
☆☆☆

問題 次の各問いに答えなさい。

解答

◉静電気と放電

□1 以下の文の( )にあてはまる語句を入れよ。
異なる種類の物体を摩擦したときに生じる電気
を(①)といい, (②)と(③)の2種類の電
気がある。同じ種類の電気を帯びた物体の間に
は(④)力, 異なる種類の電気を帯びた物体の
間には(⑤)力がはたらく。

1 ①静電気(摩擦電気)
　②＋(－)
　③－(＋)
　④しりぞけ合う
　⑤引き合う

□2 たまっていた電気が流れ出したり, 空間を電気
が移動する現象を何というか。

2 放 電

□3 右図のように, 乾燥し
たセーターで摩擦した
プラスチックの下じき
にネオン管を近づける
と, ネオン管はどうな
るか。

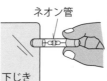
ネオン管

下じき

3 一瞬光る

解説 下じきにたまっていた電気がネオン管に移動して, 電流が流れたために一瞬光るが, たまっていた電気はすぐなくなるので, すぐ消える。

◉静電気の性質

□4* ストロー A, B をティッシュペーパーで摩擦
した。右図のように, ストロー A にストロ
ー B を近づけると, ストロー A とストロー
B はしりぞけ合う。

□5* ストロー B のかわりに, ストロー A にティ
ッシュペーパーを近づけると, ストロー A
とティッシュペーパーは引き合う。

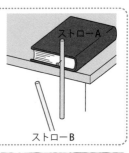
ストローA

ストローB

得点
アップ
UP

◉静電気の性質
▶＋の電気どうし, －の電気どうし→しりぞけ合う力がはたらく。
▶＋の電気と－の電気→引き合う力がはたらく。

物理 月 日

7 電子と電流 ①

重要度
☆☆☆

問題 次の各問いに答えなさい。

解答

◎真空放電，電子と電流

□ 1 気圧を小さくした空間の中を電流が流れる現象を何というか。

1 真空放電

□ 2 以下の文の（ ）にあてはまる語句を入れよ。
真空放電では，放電管内の（ ）の大きさによって光り方が異なる。

2 気 圧

□ 3* 右図の回路で，スイッチを入れたときの電流の向き，電子が移動する向きは，それぞれa，bのどちらか。

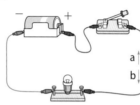

3 （電流の向き）b
（電子が移動する向き）a
解説 電流の向きと電子が移動する向きは逆である。

◎陰極線(電子線)の性質

□ 4* 右図のように，蛍光板を入れた真空放電管（クルックス管）の電極 AB 間に非常に大きい電圧を加えると，蛍光板が光った。蛍光板を光らせた X を**陰極線（電子線）**といい，**直進する**性質がある。

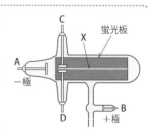

□ 5 さらに上下の電極 CD 間に電圧を加えると，X は電極 C のほうに曲がった。このことから，電極 C は＋極であると考えられる。

□ 6* X は，−極から飛び出す小さな粒子の流れである。この小さな粒子を**電子**といい，−の電気を帯びている。

得点
アップ
UP

◎電流の正体
▶ 電流の正体は，−の電気を帯びた電子が−極から＋極に向かって**移動**する流れである。

8

電子と電流 ②

重要度
★ ★ ☆

問題 次の各問いに答えなさい。

● 放射線とその利用

□ 1★ X 線，α 線，β 線，γ 線などを何というか。

□ 2 ウランやラジウムなどの，放射線を出す物質を何というか。

□ 3★ 放射性物質が放射線を出す能力を何というか。

□ 4 食物や温泉，宇宙などから出ている放射線を何というか。

□ 5★ 手荷物を開けることなく，中身を確認する検査装置に使われている放射線の種類は何か。

□ 6 放射線が骨などの異常の診断に利用されるのは，放射線にどのような性質があるからか。

□ 7 以下の文の（　）にあてはまる語句を入れよ。
放射線を浴びると，健康な（　）が傷ついてしまう危険性があるため，放射線や放射性物質は注意してあつかう必要がある。

解答

1　放射線
解説 X 線，α 線，β 線，γ 線のほかに中性子線という放射線もある。

2　放射性物質

3　放射能

4　自然放射線

5　X 線

6　物質を透過する性質

7　細胞
解説 放射線を照射することでがん細胞を破壊することもできるが，不必要に放射線を浴びることは健康な細胞を傷つける危険があることを理解しておこう。

社会　理科　数学　英語　国語

● 放射線の性質

□ 8★ 右図は，放射線の種類によって異なる透過力を表したものである。図の①は α 線，②は β 線，③は γ 線である。

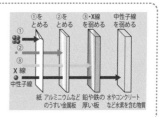

```
得点
アップ
UP
```

● 放射線の利用

▶ 医療→体内の腫瘍の発見，歯や骨の診断，がん治療，医療器具の滅菌。

▶ 農業→ジャガイモの芽の成長抑制，品種改良。

▶ 工業→手荷物検査，タンク内の水量測定，タイヤなどの素材性質の改良。

9 電流と磁界

重要度
★★☆

問題 次の各問いに答えなさい。

解答

◉ 磁石がつくる磁界

□ 1 磁石や電磁石による力を何というか。

1 磁力

□ 2 磁力がはたらいている空間を何というか。

2 磁界（磁場）

□ 3 磁界の向きは，磁界の中に置いた方位磁針の何
極がさす向きか。

3 N極

□ 4 右図のように，磁界
のようすを表した線
を何というか。

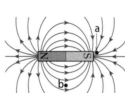

4 磁力線

解説 磁界の中の各点での
磁界の向きを結んだ曲線で，
N極から出てS極に入る。

□ 5 右図で，磁界が強い
のは，点a，点bのどちらか。

5 点a

解説 磁力線の間隔が狭い
ほど，磁界が強い。

◉ 電流がつくる磁界

□ 6* 図1のように，導線に電流を流したとき
にできる磁界の向きは a である。

□ 7 図1で，電流の向きを逆にしたときの磁
界の向きは b である。

□ 8 電流を大きくすると，磁界は 強く なる。

□ 9 図2のような磁界ができるとき，コイル
に流れる電流の向きは c である。

□10* 図2のPの位置に置いた方位磁針のN極
は東西南北のうち，東 をさす。

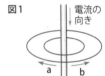

◉ コイルのつくる磁界

得点
アップ
UP

▶ コイルの内側の磁界の向き→右手の4本の指を電流の向きに合わせてコ
イルをにぎったときに立てた親指の向きになる。電流の向きによって決まる。

▶ 磁界の強さ→電流が大きいほど，コイルの巻数が多いほど強くなる。

10 電流が磁界から受ける力

重要度
☆☆☆

問題 次の各問いに答えなさい。

解答

社会 / 理科 / 数学 / 英語 / 国語

◎磁界の中で電流を流したコイルのようす

□1 以下の文の（　）にあてはまる語句を入れよ。
磁界の中のコイルに電流を流すと，電流が
（①）から，①の向きと電流の向きに対して
（②）な向きに力を受けて，コイルが動く。

1 ①磁　界
　②垂　直

□2* 磁界の中で電流が受ける力の大きさは，電流を
大きくするとどうなるか。

2 大きくなる

◎電流が磁界から受ける力の向きと大きさ

□3* 右図の回路に電流を流すと，コイルは
aの向きに動いた。
① 磁石の極の向きを逆にすると，コ
イルはbの向きに動く。
② コイルに流れる電流の向きを逆に
すると，コイルはbの向きに動く。
③ 20Ωの電熱線を10Ωの電熱線に
変えると，コイルはaの向きに大きく動く。

◎モーターのしくみ

□4 右図のようなモーターでは，コイルが半
回転するごとに，整流子とブラシによ
って，点Pに流れる電流の向きが逆に
なるため，コイルが連続して回転する。

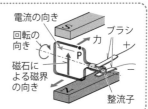

得点
アップ
UP

◎電流が磁界から受ける力
▶力の向き→電流の向きと磁界の向きによって決まる。
▶力の大きさ→電流が大きいほど，磁界が強いほど大きくなる。

11 電 磁 誘 導

重要度
☆☆☆

問題 次の各問いに答えなさい。

解答

◉磁界の変化と電流

□ 1* コイルの中の磁界が変化すると，電圧が生じて
コイルに電流が流れる現象を何というか。

1　電磁誘導

□ 2* 1のとき流れる電流を何というか。

2　誘導電流

□ 3　1により，電流を発生させる装置を何というか。

3　発電機

◉直流と交流

□ 4　一定の向きに流れる電流を何というか。

4　直流(直流電流)

解説 乾電池による電流

□ 5　向きが周期的に変化する電流を何というか。

5　交流(交流電流)

□ 6　右図は，直流，交流の
どちらをオシロスコ
ープで見たようすか。

7　右図の波(電流の変
化)が1秒間にくり
返す回数を何というか。

解説 発電機やコンセント
による電流

6　交 流

7　周波数

解説 単位はヘルツ(Hz)
で表す。

（右図：縦軸「電流の大きさ」（+, 0, −）、横軸「時 間」）

◉誘導電流の大きさと向き

□ 8* 右図のように，コイルの上側に棒磁石のN
極を近づけると，検流計の針が右に振れた。

一端子 +端子

検流計

① N極をコイルに速く近づけると，針の振
れは**大きく**なる。

② N極をコイルの上側から遠ざけると，針
は**左**に振れる。

③ S極をコイルの上側に近づけると，針は**左**に振れる。

得点
アップ
UP

◉誘導電流を大きくする方法

▶ 磁界の変化を大きくする(コイルや磁石を速く動かす)，コイルの巻数を多
くする，磁石の磁力を強くする。

12 物質の分解 ①

重要度
☆☆☆

問題 次の各問いに答えなさい。

●熱による分解, 過酸化水素の分解

解答

□1 もとの物質とは異なる性質をもつ別の物質ができる変化を何というか。

□2* 1種類の物質が2種類以上の別の物質に分かれる化学変化を何というか。

□3* 酸化銀を試験管に入れて加熱すると, 何と何ができるか。

□4 3で, 酸化銀は何色から何色に変化するか。

□5 二酸化マンガンに過酸化水素水を加えると, 過酸化水素が分解して水と何が発生するか。

1 化学変化(化学反応)

2 分解

3 銀, 酸素
解説 酸化銀→銀+酸素

4 黒色から白色

5 酸素
解説 二酸化マンガン自身は変化せず, 過酸化水素の分解を促進する。

●炭酸水素ナトリウムの加熱

□6* 右図のように, 試験管 A に炭酸水素ナトリウムを入れて加熱すると, 試験管 B の石灰水が**白く濁った**ことから, **二酸化炭素** が発生したことがわかる。

炭酸水素ナトリウム　　試験管A
ガラス管
試験管B
石灰水

□7 試験管 A の内側についた液体に青色の**塩化コバルト紙**をつけると桃(赤)色に変わったことから, **水**ができたことがわかる。

□8 試験管 A に残った**炭酸ナトリウム**は, 水によく溶け, 水溶液にフェノールフタレイン液を加えると, 濃い**赤色**になる。

得点
アップ
UP

◎炭酸水素ナトリウムを分解する実験の注意点

▶加熱する試験管の口を少し下げる→生じた液体が加熱部分に流れて, 試験管が割れるのを防ぐため。

▶ガスバーナーの火を消す前に, ガラス管を石灰水(水)の中から出す→加熱した試験管に石灰水(水)が逆流して, 試験管が割れるのを防ぐため。

13 物質の分解 ②

重要度 ☆☆☆

問題 次の各問いに答えなさい。

解答

◎電流による分解

□ 1 電流を流すことによって物質を分解することを何というか。

1 電気分解

□ 2★ 右図のように，青色の塩化銅水溶液（すいようえき）に電流を流すと，陰極（いんきょく）には赤色の固体 A が付着し，陽極からは気体 B が発生した。A，B はそれぞれ何という物質か。

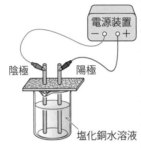

電源装置
－○　○＋

陰極　　陽極

塩化銅水溶液

2 A 銅
　B 塩 素
解説 塩化銅→銅＋塩素

□ 3 塩化銅水溶液に電流を流し続けると，塩化銅水溶液の色はどうなるか。

3 うすくなる

◎水の電気分解

□ 4★ 右図のように，水酸化ナトリウムを溶（と）かした水に電流を流すと，気体が発生した。陰極（電源装置の－極側）に集まった気体にマッチの火を近づけると**ポンと音を立てて燃えた**ことから，**水素**が発生したことがわかる。また，陽極（電源装置の＋極側）に集まった気体に火のついた線香（せんこう）を入れると**線香が炎（ほのお）をあげて燃えた**ことから**酸素**が発生したことがわかる。

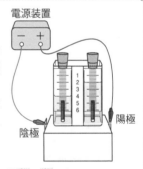

電源装置
－○　○＋

陽極

陰極

□ 5 陰極と陽極で集まった気体の体積の割合は約 2：1 である。

得点
アップ
UP

◎水の電気分解で水酸化ナトリウムを溶かす理由
▶電流を流しやすくするため。（純粋（じゅんすい）な水には，ほとんど電流が流れないから。）

14

原子・分子 ①

重要度
☆☆☆

問題 次の各問いに答えなさい。

解答

◉原子・分子，単体と化合物

□ 1　物質をつくる，それ以上分けることのできない
　　小さな粒子を何というか。

1　原 子

□ 2* 原子について述べた次の文のうち，正しいもの
　　には○，まちがっているものには×をつけよ。
　　① それ以上分けることができない。
　　② 種類によって質量や大きさが決まっている。
　　③ 化学変化によって，ほかの種類の原子に変
　　　わったり，なくなったりすることがある。

2　①○
　　②○
　　③×

解説 原子は，化学変化に
よって，ほかの種類の原子
に変わったり，新しくでき
たり，なくなったりするこ
とはない。

□ 3　原子がいくつか結びついてできた，物質の性質
　　を示す最小の粒子を何というか。

3　分 子

□ 4　以下の文の（　）にあてはまる語句を入れよ。
　　1種類の原子だけでできている物質を（ ① ），
　　2種類以上の原子からできている物質を（ ② ）
　　という。

4　①単 体
　　②化合物

◉水の電気分解と原子・分子

□ 5　右図は，水の電気
　　分解を原子・分子
　　のモデルで表した
　　もので，Aの水の
　　分子が水素（酸素）

A　酸素原子
水素原子
電気分解
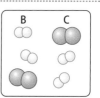
B　C

　　原子と酸素（水素）原子に分かれ，それぞれが 2 個ずつ結びついて B
　　の水素の分子と C の酸素の分子になることを表している。

得点
アップ
UP

◉単体の気体と分子
▶水素・酸素・窒素・塩素のような気体は，それぞれの原子が 2 個
　結びついてできた単体の分子をつくる。

15 原子・分子 ②

重要度
☆☆☆

問題 次の各問いに答えなさい。

解答

◉原子の大きさと質量，原子の記号

□ 1 以下の文の（　　）にあてはまる語句を入れよ。
　　　原子の中で最も小さい（ ① ）原子の大きさは，
　　　直径が 1 cm の 1 億分の 1 くらいで，質量は非
　　　常に（ ② ）。

□ 2 原子の種類をアルファベット 1 文字または 2 文
　　　字で表した記号を何というか。

□ 3 元素を原子の質量の順に並べて，性質の似た元
　　　素を整理して並べた表を何というか。

□ 4* 表の①〜⑧にあてはまる語句や記号を答えよ。

元素	元素記号	元素	元素記号
①	H	ナトリウム	⑤
炭素	②	⑥	Cu
塩素	③	銀	⑦
④	S	マグネシウム	⑧

1　①水　素
　　②小さい

2　元素記号（原子の記号）

3　周期表

4　①水　素
　　②C
　　③Cl
　　④硫　黄（いおう）
　　⑤Na
　　⑥銅
　　⑦Ag
　　⑧Mg

◉原子の結びつき方

□ 5 下図は，いろいろな物質をモデルで表したもので，A は水素の分子，
　　　B は二酸化炭素の分子，C はアンモニアの分子である。また，D は分
　　　子をつくらない銅である。

A　　　　　　　B　酸素原子　　　　C　窒素原子　　　　D　　　　　　銅原子

水素原子　　　　　　炭素原子　　　　　　　　　水素原子

□ 6 上図の A 〜 D のうち A，D は単体，B，C は化合物である。

◉その他の元素記号

▶ N(窒素)，Ca(カルシウム)，Fe(鉄)など。

16

化学変化の表し方

重要度
☆☆☆

問題 次の各問いに答えなさい。

解答

◉化学式

□ 1 次の①～③のモデルが表す物質の化学式を答えよ。

①
②
③

□ 2 次の①，②の化学式が表す物質は何か。
① O_2　　② CO_2

□ 3 以下の文の（　）にあてはまる語句を入れよ。
酸化銅は分子をつくらない化合物で，銅原子と酸素原子の数が（ ① ）の割合で結びついてできているので，化学式は（ ② ）と表す。

1 ① N_2
　② H_2O
　③ NH_3

解説 ①窒素，②水，③アンモニアである。

2 ①酸　素
　②二酸化炭素

3 ① 1 : 1
　② CuO

◉化学反応式

□ 4 図1で，aは水素原子が2個あることを，bは水素分子が水素原子2個からなることを，cは水素分子が2個あることを表している。

図1
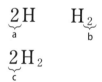

□ 5 図2は，水の電気分解をモデルで表したもので，Aは水(の分子)，Bは水素(の分子)，Cは酸素(の分子)を表している。

図2 A　　　　　B　　　　C

□ 6* 図2を化学反応式で表すと，
$2H_2O \longrightarrow 2H_2 + O_2$ となる。

◉化学反応式

▶ 化学反応式の矢印(→)の左右で原子の種類と数が合うようにする。

17 物質の結びつき

重要度
☆☆☆

問題 次の各問いに答えなさい。

解答

◉ 物質の結びつきと化合物

□ 1　2種類以上の物質が結びついてできた物質を何というか。

□ 2　右図のように，水素と酸素の混合気体をポリエチレンの袋に入れて点火すると，何という物質ができるか。

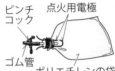

点火用電極
ピンチコック
ゴム管
ポリエチレンの袋

□ 3　★ 2の化学変化を化学反応式で表せ。

□ 4　右図のように，硫黄の蒸気の中に熱した銅線を入れると，何という物質ができるか。

銅線
硫黄

□ 5　4の化学変化を化学反応式で表せ。

1　**化合物**

2　**水**
解説 水素と酸素の混合気体に点火すると，爆発して水ができる。

3　$2H_2 + O_2$
　　　$\longrightarrow 2H_2O$

4　**硫化銅**

5　$Cu + S \longrightarrow CuS$

◉ 鉄と硫黄の化合

□ 6　右図のように，試験管 A，B に鉄と硫黄の混合物を入れ，B だけを加熱した。磁石を近づけると，A は磁石に**引きつけられたが**，B は磁石に**引きつけられなかった**。

□ 7　A と B の中身を少量ずつとってうすい塩酸を加えると，A からは無臭の**水素**が発生し，B からは特有のにおいのある**硫化水素**が発生した。

□ 8　B にできた物質は**硫化鉄**である。

□ 9　★ B の化学変化を化学反応式で表すと　$Fe + S \longrightarrow FeS$　となる。

A　　B

鉄と硫黄の混合物

得点
アップ
UP

◎物質の結びつきの例

▶ 炭素を燃やすと，炭素が空気中の酸素と化合して二酸化炭素ができる。
　　$C + O_2 \longrightarrow CO_2$

18

酸　化

重要度
☆☆☆

問題　次の各問いに答えなさい。

解答

◉金属の酸化

□1* 物質が酸素と化合する化学変化を何というか。

□2　1によってできた物質を何というか。

□3　1のうち，物質が熱や光を出しながら激しく酸素と化合する化学変化を何というか。

□4　鉄くぎを空気中に放置しておくと，表面がさびた。このときできた物質は何か。

□5* 銅の酸化では，何という物質ができるか。また，このときの化学変化を化学反応式で表せ。

□6* マグネシウムの酸化を，化学反応式で表せ。

1　酸　化

2　酸化物

3　燃　焼

4　酸化鉄

5　酸化銅，
$2Cu + O_2$
$\longrightarrow 2CuO$

解説　銅＋酸素→酸化銅

6　$2Mg + O_2$
$\longrightarrow 2MgO$

解説　マグネシウム＋酸素
→酸化マグネシウム

◉鉄の酸化

□7　右図のように，スチールウール（鉄）を加熱すると，酸化鉄ができる。

□8　鉄を加熱したあとの質量は，加熱前より増加した。これは，鉄が空気中の酸素と化合したためである。

ピンセット
スチールウール

◉有機物の酸化

□9　右図のように，エタノールを集気びんの中で燃やすと，集気びんの内側がくもった。これは，エタノールに含まれる水素が酸化されて水ができたためである。

□10　火が消えたあと，集気びんに石灰水を入れて振ると石灰水が白く濁った。これは，エタノールに含まれる炭素が酸化されて二酸化炭素ができたためである。

エタノール

得点
アップ
UP

◎酸化のしかた

▶激しく光や熱を出しながら酸素と結びつく燃焼と，おだやかな酸化がある。

社会
理科
数学
英語
国語

19 還 元

重要度
☆☆☆

問題　次の各問いに答えなさい。

解答

●酸化物が酸素を失う化学変化

□ 1* 酸化物が酸素を失う化学変化を何というか。

1　還 元

以下の文の（　　）にあてはまる語句を入れよ。

□ 2 ある物質の酸化物から酸素を奪うためには，その物質よりも（　　）と結びつきやすい物質を反応させればよい。

2　酸 素

□ 3 製鉄所では，（ ① ）を多く含む鉄鉱石をコークス（炭素）などとともに高温で加熱し，（ ② ）をとり出している。

3　①酸化鉄
　②鉄

解説 酸化鉄＋炭素
　　→鉄＋二酸化炭素

●酸化銅の還元

□ 4* 右図のように，試験管 A に酸化銅と炭素粉末の混合物を入れて加熱すると，炭素が酸化銅から酸素を奪って二酸化炭素になり，試験管 B の石灰水が白く濁った。また，試験管 A には赤色の銅ができた。

□ 5* この化学変化を化学反応式で表すと $2CuO + C \longrightarrow 2Cu + CO_2$ となる。

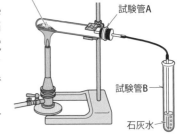

酸化銅＋炭素粉末の混合物

試験管A

試験管B

石灰水

□ 6 炭素のかわりに水素で酸化銅を還元すると，酸化銅は還元されて銅になり，水素は酸化されて水になる。

得点
アップ
UP

◎還元と酸化
▶還元と酸化は同時に起こる。

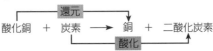

20 化学変化と熱

重要度
☆☆☆

問題 次の各問いに答えなさい。

解答

◉化学変化と熱の出入り

□1* 化学変化で熱が発生する反応を何というか。また、このとき温度はどうなるか。

　1 発熱反応，上がる

□2* 化学変化で熱を吸収する反応を何というか。また、このとき温度はどうなるか。

　2 吸熱反応，下がる

□3 メタンやプロパンなどの有機物を燃やすと、温度はどうなるか。

　3 上がる
　解説 有機物を燃やすと、
　二酸化炭素と水が生じる。

□4 3 では、熱や光を出しながら激しく酸化が進む。このような化学変化を何というか。

　4 燃焼

◉化学変化による温度変化

□5* 図1のように、鉄粉と活性炭の混合物に食塩水を数滴加えると、鉄粉が **酸化** されて熱が発生するため、温度が **上がる**。

図1

食塩水
ガラス棒
温度計
鉄粉＋
活性炭

□6 市販の使い捨てかいろでは、開封したときに、空気中の酸素によって、5 と同じ化学変化が起こるようになっている。

図2

温度計
ガラス棒
ぬれたろ紙
ペトリ皿
水酸化バリウム＋
塩化アンモニウム

□7* 図2のように、水酸化バリウムと塩化アンモニウムをかき混ぜると、**アンモニア** が発生する。このとき、温度が **下がる**。

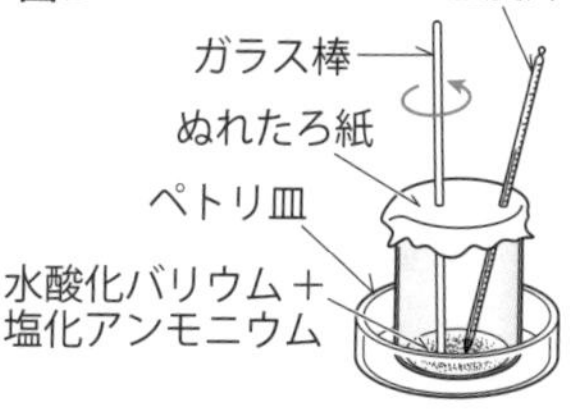

得点
アップ
UP

◉化学変化と熱の出入り

▶ 発熱反応の例…鉄＋酸素 → 酸化鉄＋**熱**

▶ 吸熱反応の例…水酸化バリウム＋塩化アンモニウム＋**熱**

→ アンモニア＋塩化バリウム＋水

21 化学変化と物質の質量

重要度
☆☆☆

問題 次の各問いに答えなさい。

解答

◉化学変化と質量保存の法則

☐ 1 炭酸水素ナトリウムを試験管に入れて加熱すると，化学変化の前後で質量はどうなるか。

1 **減る**
解説 発生した二酸化炭素が空気中に逃げるため。

☐ 2 空気中でスチールウール（鉄）を燃焼させると，化学変化の前後で質量はどうなるか。

2 **ふえる**
解説 鉄と空気中の酸素が結びつくため。

☐ 3 密閉した容器の中で，スチールウール（鉄）を燃焼させると，容器全体の質量はどうなるか。

3 **変わらない**
解説 密閉した状態では，気体の出入りがないので，質量は変わらない。

☐ 4 以下の文の（　）にあてはまる語句を入れよ。
硫酸（りゅうさん）と水酸化バリウム水溶液を混ぜ合わせると，（ ① ）という沈殿（ちんでん）ができる。このとき，反応前と比べて反応後の全体の質量は（ ② ）。

4 ①**硫酸バリウム**
②**変わらない**
解説 沈殿ができる反応では，気体の出入りがないので，質量は変わらない。

☐ 5* 化学変化の前後で，物質全体の質量は変わらないことを，何の法則というか。

5 **質量保存の法則**

◉化学変化の前後での物質の質量

☐ 6 右図のように，容器にうすい塩酸と炭酸水素ナトリウムを別々に入れ，ふたをして全体の質量をはかった。次に，容器を傾（かたむ）けると気体の**二酸化炭素**が発生し，反応後の質量をはかると，全体の質量は**変わらなかった**。

うすい塩酸
炭酸水素ナトリウム

☐ 7 容器のふたをあけて再び質量をはかると，全体の質量は**減っていた**。これは，発生した気体が**空気中に逃げた**ためである。

得点
アップ
UP

◉質量保存の法則
▶化学変化の前後で，原子の組み合わせは変化するが，原子の種類と数は変化しないため，物質全体の質量は変わらない。

22 化学変化と質量の割合

重要度 ☆☆☆

問題 次の各問いに答えなさい。

解答

●反応する物質の質量の割合

□ 1 物質Aと物質Bが化合して化合物をつくるとき，物質Aと物質Bの質量の割合はどうなっているか。

1 一定である

□ 2 右図は，0.9 g のマグネシウムを加熱したときの加熱回数と加熱後の物質の質量の関係をグラフにまとめたものである。マグネシウムが完全に酸素と化合したときの酸素の質量は何 g か。

縦軸：加熱後の物質の質量〔g〕（0.9, 1.2, 1.5）
横軸：加熱回数〔回〕（0, 1, 2, 3, 4, 5）

2 0.6 g
解説 4回目以降は質量がふえていないことから，4回目で完全に反応したと考えられる。
$1.5 g - 0.9 g = 0.6 g$

□ 3* 2 より，マグネシウムと，化合した酸素の質量の比は，何：何か。

3 マグネシウム：酸素 = 3：2
解説 $0.9 : 0.6 = 3 : 2$

●銅を加熱したときの質量の変化

□ 4 右図より，銅と，銅と化合した酸素の質量の比は，銅：酸素 = 4：1 となる。

□ 5 2.8 g の銅を十分に加熱すると，3.5 g の酸化銅ができる。

□ 6 銅と酸素が化合して酸化銅ができる化学変化で，銅原子が 10 個，酸素分子が 10 個ある場合，銅原子 10 個と酸素分子 5 個が過不足なく反応して，酸素分子 5 個が残る。

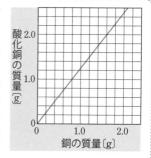

縦軸：酸化銅の質量〔g〕（1.0, 2.0）
横軸：銅の質量〔g〕（1.0, 2.0）

得点 アップ UP

◎ 2つの物質の反応
▶ 2つの物質が反応するとき，その質量比は物質の組み合わせによって一定になる。

（右側タブ：社会／理科／数学／英語／国語）

23 細胞のつくり

重要度
☆☆☆

問題 次の各問いに答えなさい。

解答

◉ 細胞の観察

□ 1 右図は，動物の細胞と植物の細胞の模式図である。植物の細胞はP，Qのどちらか。

□ 2* 右図のa〜eの部分を何というか。

□ 3* 次の①，②は，上図のa〜eのどの部分か。
　　① 酢酸カーミン液によってよく染まる部分。
　　② 光合成が行われる部分。

1 P

解説 葉緑体，液胞，細胞壁は植物の細胞にだけ見られる。

2 a 葉緑体
　b 液　胞
　c 細胞壁
　d 核
　e 細胞膜

3 ① d
　② a

◉ 単細胞生物と多細胞生物

□ 4 1個の細胞だけでからだができている生物を何というか。

4 単細胞生物

◉ 生物のからだの成り立ち

□ 5 下図は，多細胞生物のからだの成り立ちを模式的に表している。

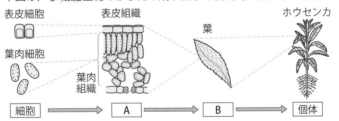

表皮細胞　　　表皮組織　　　　葉　　　ホウセンカ

葉肉細胞

葉肉組織

細胞 ⟹ A ⟹ B ⟹ 個体

Aは形やはたらきが同じ細胞が集まった組織，BはいくつかのAが集まった器官である。

得点アップ

◉ 単細胞生物
▶ 単細胞生物は，ゾウリムシ，ミカヅキモ，アメーバなど。
　ミジンコは多細胞生物なので注意する。

24 植物のからだのつくり

重要度
☆☆☆

問題 次の各問いに答えなさい。

解答

◉根のつくり

□ 1 植物は，根から何を吸収しているか。

1 水（にとけた養分）

◉葉のつくり

□ 2 葉の内部の表側の細胞(さいぼう)と裏側の細胞には並び方に違(ちが)いがある。表側の細胞はどのように並んでいるか。

2 すきまなく並んでいる。

□ 3* 葉の断面を表した右図の a ～ d の部分を何というか。

□ 4* 右図の b と c はそれぞれ何が運ばれる管か。

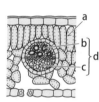

3 a 葉緑体
　b 道管
　c 師管
　d 維管束

4 b 水（にとけた養分）
　c 葉でつくられた栄養分

◉茎のつくり

□ 5* 茎には，葉でつくられた栄養分が通る師管と根から吸収した水や養分が通る道管があり，これらの2つの通り道をまとめて維管束という。茎の維管束では，内側に道管，外側に師管がある。

□ 6* 双子葉類(そうしようるい)の植物の茎の維管束は輪のように並んでいる。右図のうち，双子葉類の植物の茎を表しているのはアである。

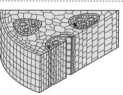

道管
師管
ア　　イ

得点
アップ
UP

◉維管束のつくり
▶ 維管束…道管と師管でできた束。 根→茎→葉とつながっている。
▶ 道管…水や水にとけた養分（肥料分）を運ぶ管。
▶ 師管…葉でつくられた栄養分を運ぶ管。

社会
理科
数学
英語
国語

25 水と植物・蒸散

重要度
☆☆☆

問題 次の各問いに答えなさい。

解答

◉水の移動

□ 1* 根から吸収した水や水にとけた養分（肥料分）が通る管を何というか。

1 道管

□ 2* 赤インクをとかした水にヒマワリとトウモロコシの茎をしばらくさしておいた。下図は，茎の断面を模式的に示したものである。赤く染まった部分は a～d のどこか。

ヒマワリ　　　トウモロコシ

a b　　　c d

2 a，d

解説 根から吸収した水が道管を通って赤く染まる。道管は，維管束の茎の中心側にある。

□ 3* 右図は，葉の表面のようすを表している。A の部分を何というか。また，A に囲まれた B のすき間を何というか。

A

B

3 A 孔辺細胞
**　B 気孔**

解説 気孔は水蒸気の出口になっているほか，酸素と二酸化炭素の出入り口にもなっている。

◉蒸散

□ 4 根から吸収した水の多くは，茎を通って葉まで運ばれ，水蒸気になって葉の表皮の気孔から大気中へ出される。

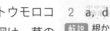

酸素　　二酸化炭素

水
（水蒸気）

酸素　二酸化炭素

□ 5* 植物のからだの中の水が水蒸気になって出ていくことを蒸散といい，ふつう，葉の裏側で盛んに行われる。このはたらきによって，根から水を吸い上げるはたらきを盛んにしている。

得点アップUP

◉葉のつくりと蒸散量

▶ 多くの植物では，葉の裏側のほうが表側よりも気孔の数が多い。

→葉の裏側のほうが表側よりも蒸散量が多い。

26 光合成

重要度
☆ ☆ ☆

問題 次の各問いに答えなさい。

解答

◉光合成によってできる栄養分

□ 1* 以下の文の( )にあてはまる語句を入れよ。
植物の葉に日光があたると，根から吸い上げた
(①)と気孔からとり入れた(②)を材料とし
て，デンプンなどの栄養分と(③)がつくられ
る。このはたらきを(④)という。

□ 2* 光合成は，葉の細胞の中の何という部分で行わ
れるか。

□ 3* ふ入りの葉の一部をアルミニウムはくでおおっ
て一晩置き，翌日十分
に光をあてたあと，切
りとって脱色し，ヨウ
素液につけた。青紫
色に変化したのは，右
図の a 〜 d のどの部分か。

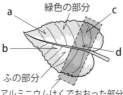

緑色の部分
ふの部分
アルミニウムはくでおおった部分

1 ①水
②二酸化炭素
③酸素
④光合成

2 葉緑体

3 a
解説 光合成は，葉緑体の
ある緑色の部分に日光があ
たったときに行われる。ふ
の部分には葉緑体がない。
ヨウ素液は，デンプンがあ
ると，青紫色に変化する。

◉光合成と呼吸

□ 4 植物は，動物と同じように昼も夜も呼吸（B）を行
うので，酸素をとり入れ，二酸化炭素を出している。
また，昼の日光があたるときだけ光合成（A）を行
い，二酸化炭素をとり入れ，酸素を出している。夜
は日光があたらないので，呼吸（B）のみを行うよ
うになる。

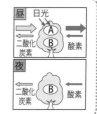

昼 日光
二酸化炭素　A　B　酸素

夜
二酸化炭素　B　酸素

得点
アップ
UP

◉光合成でできた栄養分
▶ 光合成によってつくられたデンプンは，水にとけやすい物質に変えられて，
師管を通ってからだ全体に運ばれる。

27 栄養分の消化

重要度
☆☆☆

問題 次の各問いに答えなさい。

解答

◉ 消化管と消化

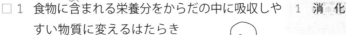

□ 1 食物に含まれる栄養分をからだの中に吸収しやすい物質に変えるはたらきを何というか。

□ 2 右図の消化に関係する a 〜 e の器官を何というか。

□ 3 右図の口から肛門までつながった1本の管を何というか。

□ 4★ 唾液に含まれる消化酵素は何か。また，何という栄養分にはたらくか。

□ 5 胃液に含まれる消化酵素は何か。また，何という栄養分にはたらくか。

□ 6★ 次の①〜③の物質は，消化酵素のはたらきで最終的に何という物質に分解されるか。

　　① デンプン　　② タンパク質　　③ 脂肪

1 消 化

2 a 肝 臓
　b 胃
　c すい臓
　d 小 腸
　e 大 腸

3 消化管

4 アミラーゼ, デンプン

5 ペプシン, タンパク質

6 ①ブドウ糖
　②アミノ酸
　③脂肪酸, モノグリセリド

◉ 唾液のはたらき

□ 7 右図のようにした試験管を約 40℃の湯につけた。

① A, C にヨウ素液を加えると，C だけ青紫色になった。

② B, D にベネジクト液を加えて加熱すると，B だけ赤褐色の沈殿ができた。

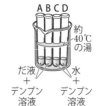

A B C D
約40℃の湯

だ液＋デンプン溶液　　水＋デンプン溶液

□ 8★ この実験から，デンプンが唾液のはたらきによってブドウ糖がいくつか結びついたものに分解されたことがわかる。

得点
アップ
UP

◉ヒトの消化管

▶口→食道→胃→小腸→大腸→肛門

28 栄養分の吸収

問題 次の各問いに答えなさい。

解答

◉消化された栄養分の吸収

□ 1　消化されてできた栄養分は，主に何という器官で吸収されるか。

1　小腸

□ 2　小腸の壁のひだの表面に見られる，右図のような多数の小さな突起を何というか。

小さな突起

2　柔毛（じゅうもう）

□ 3　以下の文の（　）にあてはまる語句を入れよ。
　　　多数の小さな突起があることで，小腸の（ ① ）が非常に（ ② ）なり，栄養分を効率よく吸収できる。

3　①表面積
　　②大きく

解説 無機物や消化された栄養分は，おもに柔毛から吸収される。

□ 4　小腸で吸収されなかった残りの水分は，何という器官で吸収されるか。

4　大腸

◉吸収された栄養分の流れ

□ 5　右図は，小腸の表面の柔毛の断面を模式的に表したもので，Aは毛細血管，Bはリンパ管である。

□ 6　消化された栄養分のうち，ブドウ糖とアミノ酸は，柔毛から吸収されてAに入り，肝臓（かんぞう）を通って全身に運ばれる。

□ 7　消化された栄養分のうち，脂肪酸（しぼうさん）とモノグリセリドは，柔毛から吸収されたあと，再び脂肪になってBに入り，やがて首のつけ根あたりで太い血管の中へ入る。

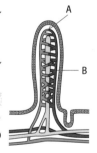

A

B

得点 アップ UP

◉栄養分の吸収
▶柔毛の毛細血管に入る→ブドウ糖，アミノ酸
▶柔毛のリンパ管に入る→脂肪酸とモノグリセリドが再び脂肪になったもの

生物　　　　月　日

29 呼吸のしくみ

重要度 ☆☆☆

問題 次の各問いに答えなさい。

◉肺のつくりと呼吸，細胞(さいぼう)の呼吸

□ 1 右図は，ヒトの肺のつくりを表している。a～cを何というか。

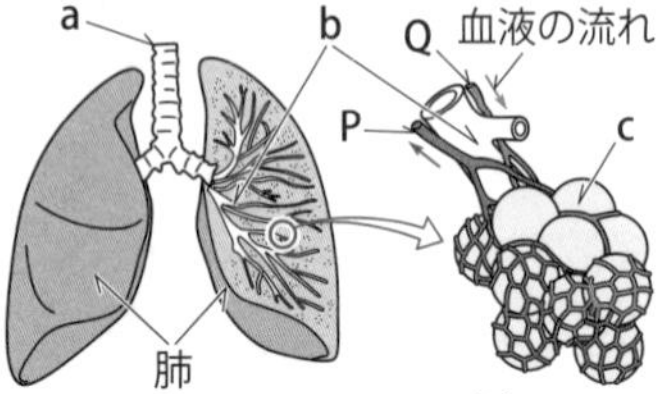

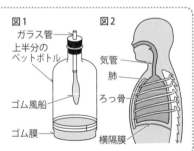

a
b
Q
血液の流れ
P
c
肺

□ 2 上図の血管P，Qのうち，酸素を多く含(ふく)む血液が流れているのはどちらの血管か。

□ 3 以下の文の(　　)にあてはまる語句を入れよ。
細胞の中では，小腸で吸収された(①)を肺からとり入れた(②)を使って分解し，(③)をとり出している。このとき，(④)と水ができ，④は血液中に出される。

□ 4 3のような細胞のはたらきを何というか。

解答

1 a 気 管
b 気管支
c 肺 胞

2 P

解説 肺胞内の空気中の酸素が毛細血管の血液中にとり入れられ，血液中の二酸化炭素が肺胞内に出される。

3 ①栄養分
②酸 素
③エネルギー
④二酸化炭素

4 細胞の呼吸(細胞呼吸，細胞による呼吸)

◉肺呼吸のしくみ

□ 5 図1は肺の模型，図2はヒトの胸部のようすである。
① 図1のゴム風船は図2の**肺**，ゴム膜(まく)は**横隔膜**(おうかくまく)にあたる。
② 図1のゴム膜を下に引くと，空気が**入る**ため，ゴム風船が**ふくらむ**。

図1

ガラス管
上半分のペットボトル
ゴム風船
ゴム膜

図2

気管
肺
ろっ骨
横隔膜

得点アップUP

◎動物の呼吸

▶魚→えらで呼吸する。

▶カエル→親は肺と皮膚(ひふ)で，子はえらと皮膚で呼吸する。

30 血液の循環

重要度
☆☆☆

問題 次の各問いに答えなさい。

解答

◎血液の成分とはたらき

□ 1 右図は，ヒトの血液の成
分を表したものである。
固形の成分 a 〜 c，液体
の成分 d を何というか。

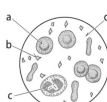

1 a 赤血球
　b 血小板
　c 白血球
　d 血しょう

□ 2* 酸素を運ぶはたらきをす
るのは，上図の a 〜 d のどれか。

2 a

□ 3* 上図の d が毛細血管の壁からしみ出して，細
胞のまわりを満たしている液を何というか。

3 組織液

◎心臓，血管のつくり

□ 4 右図はヒトの心臓のつ
くりを表している。A,
B の部屋を何というか。

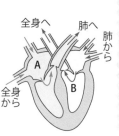

全身へ　肺へ
肺から
全身から

4 A 右心房
　B 左心室

□ 5 弁がある血管は，動
脈，静脈のどちらか。

5 静脈

◎血液の循環

□ 6 右図は，ヒトの血液の循環を模式的に表したもの
で，血液が心臓から肺を通って心臓に戻る経路を
肺循環，心臓から肺以外の全身を回って心臓に
戻る経路を体循環という。

□ 7 図の X の血管を肺静脈といい，酸素を多く含む
動脈血が流れている。

肺　　X
心臓
からだの細胞
→ 血液が流れる向き

得点
アップ
UP

◎ヘモグロビンのはたらき
▶酸素の多いところでは酸素と結びつき，酸素が少ないところでは酸素を
放出する。

31 肝臓と腎臓のはたらき

重要度 ☆☆☆

問題 次の各問いに答えなさい。

解答

◉肝臓のつくりとはたらき

□ 1 肝臓は，右図の a ～ e の
どれか。

□ 2 肝臓の主なはたらきについ
て述べた以下の文の（　）
にあてはまる語句を入れよ。

A 脂肪の消化を助ける
（ ① ）をつくる。

B 細胞の活動でできた有害なアンモニアを無
害な（ ② ）に変える。

C （ ③ ）で吸収された栄養分の一部を別の物
質につくり変えたり，たくわえたりする。

1 **b**

2 ①**胆　汁**
②**尿　素**
③**小　腸**

解説 アンモニアはタンパ
ク質が分解されてできる。

◉腎臓のつくりと排出のしくみ

□ 3* 右図は，排出に関係する器官を表したもので，
a は**腎臓**，b は**輸尿管**，c は**ぼうこう**である。

□ 4 a で血液中から**尿素**などの不要な物質や余分な
水などがこし出されてできた**尿**は，b を通って
c に一時ためられてから体外に排出される。

□ 5 右図の動脈，静脈のうち，不要な物質が少ない
血液が流れているのは**静脈**である。

□ 6 血液中の不要な物質の一部は，皮膚からも**汗**
として排出される。

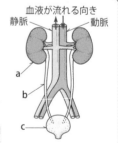

血液が流れる向き
静脈　　　動脈

a

b

c

◉アンモニアの排出

▶ 細胞の活動でできた有害なアンモニアは，肝臓で無害な尿素に変えら
れ，腎臓でこし出されたあと，尿として体外に排出される。

32 感 覚 器 官

重要度
☆☆☆

問題 次の各問いに答えなさい。

解答

◉ 目と耳のつくり

□1 身のまわりの刺激を受けとる目や耳などの器官を何というか。

□2 右図は, 目のつくりを表している。a ～ e の部分を何というか。

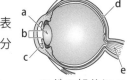

□3* 次の①, ②は, 上図の a ～ e のどの部分について説明したものか。
　① 目に入る光の量を調節する。
　② 光の刺激を受けとる細胞がある。

□4 右図は, 耳のつくりを表している。a ～ d の部分を何というか。

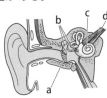

□5 a が受けとる刺激は何か。

1　感覚器官

2　a レンズ(水晶体)
　　b ひとみ(瞳孔)
　　c 虹彩
　　d 網膜
　　e 神経(視神経)

3　① c
　　② d

4　a 鼓膜
　　b 耳小骨
　　c うずまき管
　　d 神経(聴神経)

5　音(空気の振動)

◉ 神経系

□6 右図は, ヒトの神経系を模式的に表したもので, 判断や命令などを行う脳や脊髄を中枢神経という。

□7 目や皮膚などの感覚器官から脳や脊髄へ信号を伝える P を感覚神経, 脳や脊髄から筋肉などの運動器官へ信号を伝える Q を運動神経という。P と Q をまとめて末しょう神経という。

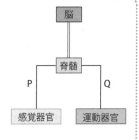

得点
アップ
UP

◎刺激の伝わり方
▶ 目…レンズ(水晶体)→網膜→視神経→脳
▶ 耳…鼓膜→耳小骨→うずまき管→聴神経→脳

33 運動器官

重要度
☆☆☆

問題 次の各問いに答えなさい。

解答

◉骨格と筋肉

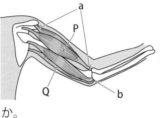

□ 1　右図は，ヒトの
うでの骨と筋肉
のようすを表し
ている。a, b
の部分を何とい
うか。

□ 2　うでを曲げるとき，上図の P, Q の筋肉はそれ
ぞれどうなるか。

1　a けん
　　b 関 節

解説 骨についている筋肉
は，両端がけんになってい
て，関節をまたいで2つの
骨についている。

2　P 縮 む
　　Q ゆるむ

◉刺激に対する反応

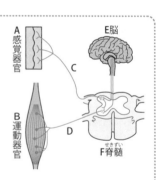

□ 3　右図は，ヒトの神経系を模式的に表し
たもので，C は感覚神経，D は運動
神経である。

□ 4　肩をたたかれたので振り向いた。この
とき，刺激や命令の信号が伝わる順に
A ～ F を並べると，A→C→F→E
→F→D→B となる。

□ 5　4 の行動は，E(脳)から出される命令
によって行われている。

□ 6　熱いやかんに手がふれて，思わず手を引っこめた。このように，刺激
に対して無意識に起こる反応を反射という。

□ 7　6 のとき，刺激や命令の信号が伝わる順に A ～ F を並べると，A→C
→F→D→B となる。

得点
アップ
UP

◉反射の例

▶反射には，光の強さによってひとみの大きさが変化する，体温が一定
に保たれる，食物を口の中に入れると唾液が出るなどがある。

34 圧力と大気圧

重要度 ☆☆☆

問題 次の各問いに答えなさい。

解答

◉圧　力

□ 1 以下の文の（　　）にあてはまる語句を入れよ。
物体どうしがふれ合う面に力がはたらくとき，
1 m²（または1 cm²）あたりの面を垂直におす力
の大きさを（ ① ）という。単位には（ ② ）（Pa）
や N/m²，N/cm² を用いる。

1 ①圧　力
　②パスカル

□ 2* 次の式の（　　）にあてはまる語句を入れよ。

$$圧力〔Pa〕= \frac{面を垂直におす（①）〔N〕}{力がはたらく（②）〔m²〕}$$

2 ①力
　②面　積

□ 3 300 g の直方体の物体を面積が 200 cm² の面を
下にして床の上に置いた。このとき，床が物体
から受ける圧力は何 Pa か。ただし，100 g の
物体にはたらく重力の大きさを 1 N とする。

3 150 Pa

解説 床をおす力は3 N，
力がはたらく面積は
200 cm²=0.02 m² より，
$\frac{3 N}{0.02 m²}$=150 Pa

◉圧力と大気圧

□ 4 空気の重さによって生じる圧力を大気圧（気圧）と
いい，あらゆる方向にはたらく。海面上での大き
さは約 1013 hPa である。

□ 5 右図のように，水銀を入れた水そうの中に，水銀を
満たした一方の端が閉じているガラス管を空気が入
らないように立てると，ガラス管の水銀の液面が下
がり，水銀柱の高さが760 mmで静止する。これは，
大気圧（気圧）とガラス管の中の水銀柱の圧力がつ
りあっているためである。

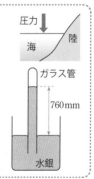

得点
アップ
UP

◉圧力と力・面積の関係
▶ ふれ合う面積が同じとき，力が大きいほど圧力は大きい。
▶ 力の大きさが同じとき，ふれ合う面積が小さいほど圧力は大きい。

35 気象の観測

重要度
☆☆☆

問題 次の各問いに答えなさい。

解答

●気象の観測

□1 以下の文の（　）にあてはまる語句を入れよ。
気温は，地上から（ ① ）mの高さで，球部に直射日光が（ ② ）ようにしてはかる。

1 ①1.5
②あたらない

□2 乾湿計を使って気温をはかるとき，乾球と湿球のどちらの示す温度（示度）を読みとるか。

2 乾球

□3 気圧に用いる単位は何か。

3 ヘクトパスカル（hPa）

□4 風のようすは，風向と何で表すか。

4 風力（風速，風の強さ）

□5* 風向は，風の吹いていく方位，吹いてくる方位のどちらで表すか。

5 吹いてくる方位

□6 風向はいくつの方位で表すか。

6 16方位

□7 棒の先にビニールのひもをつけた装置で風向を調べたところ，右図のようになった。このときの風向は何か。

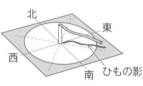

7 北西

解説 ひもが動いた方向に向かって風が吹いている。

●雲量と天気

□8 天気は，まず雨や雪が降っていないか確認したあと，見通しのよいところで，**雲量**（空全体を 10 としたときの雲がしめる割合）をもとに判断する。

□9* 右図は，空全体の雲のようすを記録したもので，雲量は6であった。このときの天気は**晴れ**である。

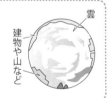

◎雲量と天気

雲量	0～1	2～8	9～10
天気	快晴	晴れ	くもり

36 天気図

重要度
☆☆☆

問題 次の各問いに答えなさい。

解答

◎天気図記号，等圧線

□ 1 次の①〜③の天気を，天気記号で表せ。

　　① 快晴　　② くもり　　③ 雪

□ 2* 右図の天気図記号が表
　　す，天気・風向・風力
　　を答えよ。

北

□ 3* ある日の天気は晴れ，
　　風向は南西，風力は1
　　であった。これを天気図記号で表せ。

□ 4 以下の文の(　　)にあてはまる語句を入れよ。

　　気圧が等しい地点をなめらかに結んだ曲線を
　　(　①　)といい，ふつう1000 hPaを基準に(　②　)
　　hPaごとに引かれ，さらに，(　③　)hPaごとに
　　太い線が引かれる。

□ 5 等圧線は，枝分かれや交差をするか，しないか。

1 ①

　　② ◎

　　③

2 (天気)雨
　　(風向)北西
　　(風力)4

3

北

4 ①等圧線
　　②4
　　③20

5 しない

◎天気図の読み方

□ 6 右図は，ある日の日本付近の天気図を表し
　　ている。A地点の気圧は992 hPa，B地点
　　の気圧は1012 hPaである。

□ 7 C地点の天気はくもり，風向は南東，風
　　力は2である。

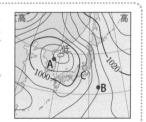

得点
アップ
UP
◎天気図記号のかき方

▶ 天　気→〇の中に天気記号を描く。

▶ 風向・風力→風がふいてくる方位を矢ばねの向き，風力を矢ばねの数で表す。

37 気圧と風

重要度
☆☆☆

問題 次の各問いに答えなさい。

解答

◎気圧配置と風

□ 1 以下の文の（　）にあてはまる語句を入れよ。
　　　風は，気圧の（ ① ）ところから（ ② ）ところへ
　　　向かって吹いている。

□ 2* 右図の a ～ c 地点で風力
　　　が最も大きいのはどこか。

□ 3 右図の P, Q は，高気圧，
　　　低気圧のどちらか。

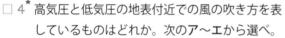

□ 4* 高気圧と低気圧の地表付近での風の吹き方を表
　　　しているものはどれか。次の**ア～エ**から選べ。

ア　　　　　イ　　　　　ウ　　　　　エ

□ 5* 中心付近で上昇気流が発生しているのは，高気
　　　圧，低気圧のどちらか。

1 ①高 い
　②低 い

2 a 地点
解説 等圧線の間隔が狭い
地点ほど，風が強い。

3 P 高気圧
　Q 低気圧
解説 P はまわりよりも気
圧が高いので高気圧，Q は
まわりよりも気圧が低いの
で低気圧である。

4 （高気圧）ウ
　（低気圧）ア
解説 高気圧は時計まわり
に風が吹き出し，低気圧は
反時計まわりに風が吹きこ
む。

5 低気圧

◎海風と陸風

□ 6 右図は，海岸地方の晴れた日の昼の風のよう
　　　すを表したもので，陸上の気温が海上よりも
　　　高くなり，陸上に上昇気流が生じて気圧が
　　　海上よりも**低く**なる。このとき吹く風 X を
　　　海風という。

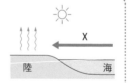

□ 7 夜になると，陸上の気温が海上よりも**低く**なり，陸上の気圧が海上
　　　よりも**高く**なるので，X とは逆向きの**陸風**が吹く。

得点
アップ
UP

◎気圧と天気

▶ 高気圧→下降気流を生じるため，雲ができにくく晴れやすい。
▶ 低気圧→上昇気流を生じ，雲が発生しやすく，くもりや雨になりやすい。

38 大気中の水蒸気

重要度
☆☆☆

問題 次の各問いに答えなさい。

解答

◉乾湿計の使い方

□1 右図は，乾湿計と湿
度表の一部を表して
いる。湿球の示度は
A，Bのどちらか。

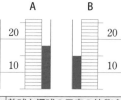

□2* 乾球と湿球の示
度が図のときの
湿度は何%か。

乾球の	乾球と湿球の示度の差〔℃〕					
示度〔℃〕	0	1	2	3	4	5
18	100	90	80	71	62	53
17	100	90	80	70	61	51
16	100	89	79	69	59	50
15	100	89	78	68	58	48

1 **B**

解説 湿球の示す温度は，
乾球の示す温度よりも低い。

2 **71%**

解説 湿度表で，乾球の示
度(18℃)の行と，乾球と湿
球の示度の差(18−15＝3
〔℃〕)の列の交点の値を読
みとる。

◉露点

□3 室温が18℃の部屋で，右図のように，くみ
置きの水の温度を下げていくと，水温が12℃
になったとき，容器の表面がくもり始めた。
表は，気温と飽和水蒸気量との関係を表した
ものである。

ガラス棒でかき混ぜる
温度計
氷水
金属製
の容器

気温〔℃〕	10	12	14	16	18	20
飽和水蒸気量〔g/m³〕	9.4	10.7	12.1	13.6	15.4	17.3

① 容器の表面がくもり始めたのは，容器のまわりの空気中の水蒸気
が凝結したためで，このときの温度を露点という。

② この部屋の湿度は，約 69 %である。（ただし，小数第1位を四捨
五入するものとする。）

得点
アップ
UP

◉飽和水蒸気量と湿度

▶空気 1m³ 中に含まれる水蒸気が一定の場合，

$$湿度[%]＝\frac{空気 1m³ 中に含まれる水蒸気量[g/m³]}{その気温での飽和水蒸気量[g/m³]}×100$$

より，気温が高いほど飽和水蒸気量が大きくなるので，湿度は低くなる。

社会 理科 数学 英語 国語

39 雲の発生と水の循環

重要度
☆☆☆

問題 次の各問いに答えなさい。

解答

◉雲・雨・霧，水の循環

- □ 1* 以下の文の（　）にあてはまる語句を入れよ。
  雲は，（　①　）する空気中の水蒸気が小さな
  （　②　）や氷の結晶に変わったものの集まりで，
  空気が（　③　）するところでは発生しにくい。

- □ 2 雲をつくる水滴や，氷の結晶が途中でとけて落
  ちてきたものを何というか。

- □ 3 雲をつくる氷の結晶がとけずにそのまま落ちて
  きたものを何というか。

- □ 4 地表付近で，空気中の水蒸気が小さな水滴に変
  わって浮かんでいるものを何というか。

- □ 5 水は状態を変えながら地球上を絶えず循環してい
  る。この循環を引き起こすのは何のエネルギーか。

1 ①上　昇
②水　滴
③下　降

解説 上昇気流のある低気
圧の中心付近では，雲が発
生しやすい。

2 雨

3 雪

4 霧

5 太陽（のエネルギー）

◉雲のでき方

- □ 6 フラスコ内を水でぬらし，線香の煙
  を少量入れて，右図のような装置を
  つくり，ピストンをすばやく引く
  と，ゴム風船が**ふくらみ**，フラス
  コ内が（**白く**）くもる。（雲の発生）

- □ 7* 6のようになったのは，ピストンを
  引くことでフラスコ内の空気が**膨張**して温度が**下がり**，気温が**露点**
  に達して，空気中の水蒸気が**水滴**に変わったためである。

温度計
サーミスター
ゴム栓
ビニル
ひも
注射器
ピストン
ゴム風船
フラスコ
水

**得点
アップ
UP**

◉上昇した空気が膨張する理由

▶ 上空にいくほど，まわりの気圧が低くなるため。

40 気団と前線

問題 次の各問いに答えなさい。

解答

社会
理科
数学
英語
国語

◉気団とその性質

□ 1 大陸上や海上に高気圧ができて大気がとどまることでできる,気温や湿度がほぼ一様な大規模な空気のかたまりを何というか。

□ 2 右図の a は冬,b は夏,c は初夏と秋に発達する気団である。a ～ c の気団を何というか。

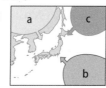

□ 3* 上図の a～c のうち,冷たく乾燥している気団はどれか。

1 気団

2 a シベリア気団
　 b 小笠原気団
　 c オホーツク海気団

3 a
解説 b はあたたかく湿っていて,c は冷たく湿っている。

◉前線とそのでき方

□ 4 図1の寒気と暖気の間にできる境界面 X を前線面,X が地面と交わるところを前線という。

□ 5* 図1の A は寒冷前線,B は温暖前線のつくりを模式的に表している。

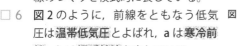

□ 6 図2のように,前線をともなう低気圧は温帯低気圧とよばれ,a は寒冷前線,b は温暖前線を表している。

□ 7 図2の a が b に追いついてできた c を閉そく前線という。

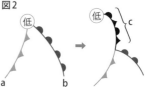

□ 8 ぶつかり合う寒気と暖気の勢力がほぼ同じため,ほとんど動かない前線を停滞前線という。

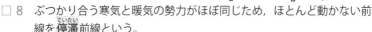

得点
アップ
UP

◎気団の性質
▶ シベリア気団→冬に発達し,冷たく乾いている。
▶ 小笠原気団→夏に発達し,あたたかく湿っている。
▶ オホーツク海気団→初夏や秋に発達し,冷たく湿っている。

41 前線と天気の変化

重要度
☆☆☆

問題 次の各問いに答えなさい。

解答

◉ 前線と天気の変化

□ 1 寒冷前線付近, 温暖前線付近で生じる雲を, 次のア〜ウから選べ。
　　ア 乱層雲　　イ 巻雲　　ウ 積乱雲

以下の文の(　)にあてはまる語句を入れよ。

□ 2* 寒冷前線が通過するとき, 強い雨が(　①　)時間降ることが多く, 突風や雷をともなうこともある。前線の通過後は(　②　)よりの風が吹き, 気温が(　③　)。

□ 3* 温暖前線が通過するとき, おだやかな雨が(　①　)時間降ることが多い。前線の通過後は(　②　)よりの風が吹き, 気温が(　③　)。

1 (寒冷前線付近)ウ
　(温暖前線付近)ア

2 ①短(短い)
　②北
　③下がる

3 ①長(長い)
　②南
　③上がる

◉ 前線付近の天気

□ 4* 右図の前線 X は寒冷前線, Y は温暖前線である。

□ 5 a〜d 地点で, 地表面が寒気におおわれているのは a 地点と d 地点である。

□ 6 a〜d 地点で, おだやかな雨が降っているのは d 地点である。

□ 7 a〜d 地点で, このあと, 天気が回復し, 気温が下がると考えられるのは b 地点である。

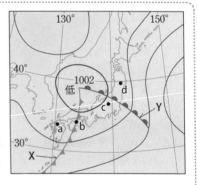

◉前線と雲

▶ 寒冷前線…寒気が暖気の下にもぐりこみ, 急激におし上げる→積乱雲

▶ 温暖前線…暖気が寒気の上にゆるやかにはい上がる→乱層雲や高層雲

42 日本の四季と天気 ①

重要度
☆☆☆

問題 次の各問いに答えなさい。

解答

◉春の天気

□ 1　右図は、春に見られる
天気図である。この時
期に日本付近を通過し
ていく高気圧を何とい
うか。

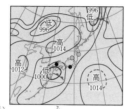

1　移動性高気圧

□ 2*　日本が位置する中緯度帯の上空に吹いている、
低気圧や高気圧の動きに影響を与える西よりの
強い風を何というか。

2　偏西風

◉冬の天気

□ 3*　右図は、冬に見られる
天気図である。この時
期に特徴的な気圧配置
を何というか。

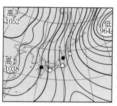

3　西高東低（の気圧
配置）

◉冬の季節風と天気

□ 4　右図は、冬の
季節風が日本
列島を吹きぬ
けるようすを
表した模式図

である。a～dのうち、空気が冷たく乾燥しているのは a と d である。

□ 5　日本海側では多くの雪が降り、太平洋側では冷たく乾燥した晴れの
日が多い。

得点
アップ
UP

◉冬の日本付近の天気
▶冬の日本付近の天気は、シベリア気団の影響を受け、北西の季節風が
吹く。

43 日本の四季と天気 ②

重要度
☆☆☆

問題 次の各問いに答えなさい。

解答

◉ 秋の天気

□1 以下の文の（　　）にあてはまる語句を入れよ。
　　秋の天気は，春と同じように，（ ① ）の影響を
　　受けて，日本付近を移動性（ ② ）と（ ③ ）が交
　　互に通過する。

1 ①偏西風
　②高気圧
　③低気圧

□2 1の時期の天気を，次のア～エから選べ。
　　ア 蒸し暑い晴れの日が多い。
　　イ 雨やくもりの日が続きやすい。
　　ウ 周期的に天気が変わることが多い。
　　エ 太平洋側では乾燥した晴れの日が多い。

2 ウ
解説 アは夏，イは梅雨，
エは冬の天気。

◉ 夏の天気

□3 右図は，夏に見られる
　　天気図である。この時
　　期に特徴的な気圧配置
　　を何というか。

3 南高北低（の気圧
　配置）

□4* 以下の文の（　　）にあ
　　てはまる語句を入れよ。
　　夏の日本付近の天気は，（ ① ）気団の影響を受
　　け，（ ② ）の季節風が吹く。

4 ①小笠原
　②南　東

□5 4の気団の性質を，次のア～エから2つ選べ。
　　ア 高温　　イ 低温　　ウ 乾燥　　エ 多湿

5 ア，エ

得点
アップ
UP

◉夏の季節風がふくしくみ（冬は逆になる）
▶ユーラシア大陸が太平洋よりもあたたかくなる。
　→ユーラシア大陸上の気圧が低くなり，太平洋上の気圧が高くなる。
　→太平洋からユーラシア大陸へ南東の季節風が吹く。

地学

月　日

台風と梅雨

重要度
☆☆☆

問題 次の各問いに答えなさい。

解答

◉梅雨・秋雨

□ 1　右図は，初夏（6月）の
　　ころに見られる天気図
　　である。この時期のX
　　の停滞前線（ていたい）を何とい
　　うか。

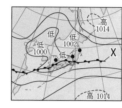

□ 2＊ Xの北側にある気団，南側にある気団は何か。

□ 3　以下の文の（　　）にあてはまる語句を入れよ。
　　Xができると，（　①　）やくもりの日が多くなる。
　　このような時期を（　②　）という。

□ 4　夏の終わりにも，Xのような停滞前線ができ
　　る。これを何というか。

1　**梅雨前線**
解説 寒気団と暖気団がぶ
つかって停滞前線ができる。

2　（北側）**オホーツク
海気団**
　　（南側）**小笠原気団**

3　①**雨**
　　②**つゆ（梅雨）**

4　**秋雨前線**

◉台　風

□ 5　図1のYは台風を示しており，熱帯地方の海上で発生した熱帯低気
　　圧が発達したものである。

□ 6　図2は，Yの月別の進路を表している。Yの進路が7月から10月の
　　ように変化していくのは，太平洋（小笠原）高気圧の勢力が弱まって
　　いくためである。Yはそのふちに沿って北上することが多くなり，北
　　上したYは偏（へん）　図1
　　西風（せいふう）に流され
　　て東よりに進
　　む。

図2

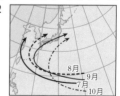

8月
9月
7月
10月

◎梅雨前線のでき方
▶ 梅雨前線→ほぼ同じ勢力のオホーツク海気団と小笠原気団がぶつかり
合ってできる。

95

45 天 気 予 報

重要度
☆ ☆ ☆

問題 次の各問いに答えなさい。

解答

◉ 地球をとりまく大気と海洋の動き

□ 1* 下図は，北半球での大気の動きを模式的に表したものである。aの大気の動きを何というか。

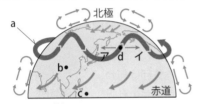

□ 2 上図の低緯度帯にあるb，c地点のうち，気圧が低いのはどちらか。

□ 3 上図のd地点での海流の向きは，ア，イのどちらか。

1 **偏西風**

解説 中緯度帯の上空を西から東へ向かって吹く強い西風を偏西風という。

2 **c 地点**

解説 太陽放射量の多い赤道付近で，空気があたためられて上昇気流が生じ（気圧⑯），北緯30°くらいで下降する（気圧⑨）循環が起こる。

3 **イ**

◉ 低気圧・高気圧の移動

□ 4* 下図は，3月13〜15日の同じ時刻の天気図である。A〜Cを日付の早い順に並べると，B→C→Aとなる。

A  B 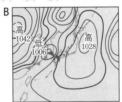 C

□ 5* この時期の高気圧や低気圧は偏西風の影響を受けて，西から東へ移動している。

□ 6 3月16日の関東地方の天気は，高気圧におおわれて晴れになると予想される。

得点
アップ
UP

◉天気の変化

▶日本付近の天気は，西から東へと変化していく。

46 気象と災害

重要度
☆ ☆ ☆

問題 次の各問いに答えなさい。

解答

◎天気の変化による恵みと災害

□ 1* 地面に落ちた雨水の量を，水の深さで表したものを何というか。

□ 2* ダムにためた雨水などの力で，タービンを回して発電することを何というか。

□ 3 台風などの強い低気圧によって海面が吸い上げられたり，強風で海水が海岸へ吹きよせられることで海面が異常に高くなることを何というか。

□ 4 何という雲が急速に発達すると，短時間にせまい範囲で大雨が降ったり，竜巻が起きたりするか。

1 降水量

解説 日本は年間を通して降水量が多く，年間降水量は 1700 mm にも達する。

2 水力発電

3 高潮

4 積乱雲

解説 積乱雲にあたたかくて湿った大気がさらに流れ込むことで発達して，さまざまな災害をもたらす。

◎気象現象による災害への備え

□ 5 雪の多い地域には融雪パイプがある道路があったり，台風がよく通過する地域には暴風雨に備えた家があったりする。ダムや堤防などの水害対策のほかに，大雨のとき地上の水を地下を通して河川に流す放水路の整備や，

ふだんは公園などになっている河川沿いの低地に，大雨のとき一時的に水をたくわえることができる遊水地を整備するなどの対策も進んでいる。

得点
アップ
UP

◎気象現象による恵みと災害

▶ 恵み→豊富な水による農業や工業，水力発電，美しい景観，雪によるレジャーや冷房，冷蔵。

▶ 災害→大雪やなだれ，水不足や熱中症，停滞前線による豪雨，台風による暴風雨や高潮，河川の氾濫，土砂災害，竜巻，霧による事故。

右欄：社会　理科　数学　英語　国語

1 数と式

多項式の加減

重要度 ☆☆☆

問題 次の各問いに答えなさい。

解答

得点アップけP　式の次数

単項式の次数 ➡ かけ合わされている文字の個数

例 $5xy = 5 \times x \times y$　文字は2個→次数は2

多項式の次数 ➡ 各項の次数のうち最も大きいもの

例 $x^2 - 3x + 2$ → 最も大きい次数は2→2次式
　　2次　　1次

□1　$4x^2 - x + 6$ の項をいいなさい。

□2　$-2a^2b$ の次数をいいなさい。

□3* $x^2 + 5x - 3$ は何次式ですか。

1　$4x^2,\ -x,\ 6$

2　3

解説 $-2 \times a \times a \times b$

3　2次式

得点アップけP　多項式の加法・減法

加法

例 $(2x + 5y) + (x - 3y)$ 　┐かっこを
　　　　　　　　　　　　　　┘はずす
$= 2x + 5y + x - 3y$
　　　　　　　　　　　　　　┐同類項
$= (2+1)x + (5-3)y$ 　　　　├をまとめ
　　　　　　　　　　　　　　┘る
$= 3x + 2y$

減法

例 $(2x + 5y) - (x - 3y)$ 　┐符号を変え
　　　　　　　　　　　　　　┘て加える
$= 2x + 5y - x + 3y$
　　　　　　　　　　　　　　┐同類項
$= (2-1)x + (5+3)y$ 　　　　├をまとめ
　　　　　　　　　　　　　　┘る
$= x + 8y$

次の計算をしなさい。

□4　$9x - 6y + 2x + 4y$

□5* $5x^2 + 4x - 4x^2 + x$

□6* $(x + 2y) + (3x - 4y)$

□7* $(8a + 7b) - (2a - b)$

□8*
$$7x - 3y + 5$$
$$+\ )\ -x + 3y - 4$$

□9*
$$4x^2\quad\ \ - 6$$
$$-\ )\ 5x^2 - 8x + 2$$

4　$11x - 2y$

5　$x^2 + 5x$

解説 x^2 と x は同類項ではない。

6　$4x - 2y$

7　$6a + 8b$

解説 かっこをはずすと、$8a + 7b - 2a + b$

8　$6x + 1$

9　$-x^2 + 8x - 8$

2 いろいろな多項式の計算

重要度
☆☆☆

問題 次の各問いに答えなさい。

解答

得点アップのP 数×多項式，多項式÷数の計算

数×多項式 ➡ 分配法則を使う。 例 $3(2x + 4y) = 3 \times 2x + 3 \times 4y$

多項式÷数 ➡ わる数の逆数をかける。 例 $(6x + 18y) \div 6 = (6x + 18y) \times \dfrac{1}{6}$

次の計算をしなさい。

□ 1 $4(3x - 5y)$

□ 2 $-6(2a - b)$

□ 3 $(18x + 9y) \div 3$

□ 4* $(28x - 14y) \div (-7)$

□ 5* $5(x + 3y) + 4(3x - 2y)$

□ 6 $-2(2a - 6b + 4) + 3(a - 4b + 9)$

□ 7* $4(-x + 2y + 1) - 6(2x - y)$

□ 8* $\dfrac{1}{4}(3x + y) + \dfrac{1}{5}(x - 2y)$

□ 9* $\dfrac{x - 5y}{2} - \dfrac{2x - 3y}{3}$

1 $12x - 20y$

2 $-12a + 6b$

3 $6x + 3y$

4 $-4x + 2y$

5 $17x + 7y$

6 $-a + 19$

7 $-16x + 14y + 4$

8 $\dfrac{19}{20}x - \dfrac{3}{20}y$

9 $\dfrac{-x - 9y}{6}$

解説 通分する。
$$\dfrac{3(x - 5y) - 2(2x - 3y)}{6}$$

得点アップのP 式の値の計算

式を簡単にしてから代入する。負の数を代入するときは，（　）をつける。

□ 10* $x = \dfrac{1}{2}$，$y = -\dfrac{1}{3}$ のとき，

$5(x + 3y) - 3(x + 4y)$ の値を求めなさい。

□ 11 $A = x + 2y$，$B = 2x - y$ のとき，
$3A - 2(A + B)$ を計算しなさい。

10 0
解説 式を整理して，
$2x + 3y$
これに値を代入する。

11 $-3x + 4y$
解説 式を整理して，
$A - 2B$

社会
理科
数学
英語
国語

3 単項式の乗除

重要度
☆☆☆

問題 次の計算をしなさい。

解答

得点 アップ ＵＰ　乗除の混じった計算

$A \times B \div C$	$A \div B \times C$	$A \div B \div C$
$= A \times B \times \dfrac{1}{C}$	$= A \times \dfrac{1}{B} \times C$	$= A \times \dfrac{1}{B} \times \dfrac{1}{C}$
$= \dfrac{A \times B}{C}$	$= \dfrac{A \times C}{B}$	$= \dfrac{A}{B \times C}$

□ 1* $3x \times (-4xy)$

□ 2* $(-5a)^2$

□ 3* $-(4m)^2$

□ 4 $6a \times (-a)^2$

□ 5 $-24m^2 \div 4m$

□ 6* $8a^2 \div (-24a^2)$

□ 7 $\dfrac{5}{6}x^2 \div \dfrac{3}{2}x$

□ 8* $\left(-\dfrac{4}{9}xy\right) \div \left(-\dfrac{8}{15}xy^2\right)$

□ 9* $\left(\dfrac{1}{2}x\right)^2 \div \dfrac{1}{6}xy$

□ 10 $2x \times 5y \times 3xy$

□ 11* $(-25xy) \times (-4xy) \div (-5y^2)$

□ 12* $12ab \div 3a \times 2b$

□ 13* $16x^2y^3 \div 4xy \div 2y$

□ 14 $(-6xy)^2 \div 4x \div (-3xy^2)$

□ 15* $(-2a)^3 \div 4a^2 \times a^3$

1　$-12x^2y$

2　$25a^2$

3　$-16m^2$

4　$6a^3$

5　$-6m$

6　$-\dfrac{1}{3}$

7　$\dfrac{5}{9}x$

8　$\dfrac{5}{6y}$

9　$\dfrac{3x}{2y}$

解説 $\dfrac{x^2}{4} \times \dfrac{6}{xy}$

10　$30x^2y^2$

11　$-20x^2$

12　$8b^2$

13　$2xy$

14　-3

15　$-2a^4$

解説 $-\dfrac{8a^3 \times a^3}{4a^2}$

100

4 文字式の利用

重要度 ☆☆☆

問題 次の各問いに答えなさい。

解答

得点アップUP　よく使われる文字式

①百の位が a，十の位が b，一の位が c の3けたの整数 ➡ $100a+10b+c$

②連続する2つの偶数 ➡ $2m$，$2m+2$（m は整数）

③連続する2つの奇数 ➡ $2n+1$，$2n+3$（n は整数）

次の空らんをうめなさい。

□ 1* 十の位の数を a，一の位の数を b とする2けたの整数は $\boxed{A}$ と表され，十の位の数と一の位の数を入れかえてできる数は $\boxed{B}$ と表される。

（$\boxed{A}$）＞（$\boxed{B}$）のとき，これらの数の差は，

（$\boxed{A}$）－（$\boxed{B}$）＝$\boxed{C}$（$\boxed{D}$）

$\boxed{E}$ は整数だから，この2つの数の差は $\boxed{F}$ の倍数である。

□ 2* もっとも小さい数を n とすると，連続する3つの整数の和は，

$n+(\boxed{G})+(\boxed{H})=\boxed{I}(\boxed{J})$

$\boxed{K}$ は整数だから，連続する3つの整数の和は $\boxed{L}$ の倍数である。

□ 3* m を整数とすると，偶数は $\boxed{M}$ と表され，n を整数とすると，奇数は $\boxed{N}$ と表される。

偶数と奇数の和は，$\boxed{M}+(\boxed{N})=\boxed{O}$

$\boxed{P}$ は整数だから，偶数と奇数の和は $\boxed{Q}$ である。

〔　〕の中の文字について解きなさい。

□ 4* $4x-2y=6$　〔y〕

□ 5　$m=\dfrac{a+b+c}{3}$　〔a〕

---

1 A…$10a+b$
　B…$10b+a$
　C…9
　D…$a-b$
　E…$a-b$
　F…9

2 G…$n+1$
　H…$n+2$
　I…3
　J…$n+1$
　K…$n+1$
　L…3

3 M…$2m$
　N…$2n+1$
　O…$2(m+n)+1$
　P…$m+n$
　Q…奇数

4 $y=2x-3$
解説 $-2y=-4x+6$

5 $a=3m-b-c$
解説 $3m=a+b+c$
$a+b+c=3m$

5 連立方程式の解き方

重要度 ☆☆☆

問題 次の連立方程式を解きなさい。

解答

得点アップUP 連立方程式の解き方

加減法
$$\begin{cases} x+3y=5 \cdots ① \\ 3x+5y=11 \cdots ② \end{cases}$$
xの係数を そろえる
$①×3$
$②$
$\begin{array}{r} 3x+9y=15 \\ -)\ 3x+5y=11 \end{array}$
← 右辺も3倍する のを忘れない

代入法
$$\begin{cases} y=2x-5 \cdots ① \\ 3x-2y=-3 \cdots ② \end{cases}$$
①を②に 代入すると
$3x-2(2x-5)=-3$
かっこをつけて 代入する

□ 1 $\begin{cases} x+y=11 \\ x-y=3 \end{cases}$

□ 2★ $\begin{cases} 4x+y=13 \\ 2x+y=9 \end{cases}$

□ 3★ $\begin{cases} 3x+4y=9 \\ x-2y=-7 \end{cases}$

□ 4★ $\begin{cases} 3x-2y=18 \\ 4x+3y=7 \end{cases}$

□ 5 $\begin{cases} -5x+6y=-15 \\ 2x-5y=19 \end{cases}$

□ 6★ $\begin{cases} 2x+3y=8 \\ y=-2x \end{cases}$

□ 7★ $\begin{cases} x=3y+1 \\ 2x-5y=5 \end{cases}$

□ 8★ $\begin{cases} y=3x-3 \\ y=x+7 \end{cases}$

□ 9 $\begin{cases} 2y=-x+9 \\ 5x+2y=-3 \end{cases}$

1　$x=7,\ y=4$

2　$x=2,\ y=5$

3　$x=-1,\ y=3$
解説
$\begin{array}{r} 3x+4y=9 \\ +)\ 2x-4y=-14 \\ \hline 5x=-5 \end{array}$

4　$x=4,\ y=-3$
解説
$\begin{array}{r} 9x-6y=54 \\ +)\ 8x+6y=14 \\ \hline 17x=68 \end{array}$

5　$x=-3,\ y=-5$
解説
$\begin{array}{r} -10x+12y=-30 \\ +)\ \ 10x-25y=\ \ 95 \\ \hline -13y=\ \ 65 \end{array}$

6　$x=-2,\ y=4$

7　$x=10,\ y=3$
解説 $2(3y+1)-5y=5$

8　$x=5,\ y=12$
解説 $3x-3=x+7$

9　$x=-3,\ y=6$
解説 上の式を下の式の $2y$に代入すると,
$5x+(-x+9)=-3$

6 いろいろな連立方程式

重要度
☆☆☆

問題 次の各問いに答えなさい。

解答

得点 アップ のP　いろいろな連立方程式の解き方

①かっこをふくむ連立方程式 ➡ かっこをはずして整理してから解く。

②係数に分数や小数をふくむ連立方程式 ➡ 両辺を何倍かして係数を整数にしてから解く。

次の 1 ～ 6 の連立方程式を解きなさい。

□ 1* $\begin{cases} 3x + y = 9 \\ 3(x + y) = 7x + 1 \end{cases}$

□ 2 $\begin{cases} 2(x + y) + 3(x - 3y) = -19 \\ 4(x - y) - (x + 3y) = -17 \end{cases}$

□ 3* $\begin{cases} \dfrac{x}{3} + \dfrac{y}{4} = 2 \\ \dfrac{x}{5} - \dfrac{y - 2}{10} = \dfrac{2}{5} \end{cases}$

□ 4* $\begin{cases} 0.04x - 0.03y = 0.08 \\ 0.8x + 0.5y = 6 \end{cases}$

□ 5* $7x - 6y = -5x + 3y = -3$

□ 6 $\begin{cases} 5x - 3y = 6 \\ x : y = 2 : 3 \end{cases}$

□ 7* 連立方程式 $\begin{cases} ax + by = -2 \\ bx + ay = -14 \end{cases}$ の解が，$x = 2$，$y = -4$ であるとき，a，b の値を求めなさい。

□ 8 次の 2 組の連立方程式が同じ解をもつとき，a，b の値を求めなさい。

$\begin{cases} 2x + y = 3 \\ ax + 5y = 1 \end{cases}$ $\begin{cases} 4x + by = 10 \\ x - 3y = 5 \end{cases}$

1 $x = 2$，$y = 3$
解説 下の式のかっこをはずして整理すると，$-4x + 3y = 1$

2 $x = -1$，$y = 2$

3 $x = 3$，$y = 4$
解説 上の式の両辺を 12 倍，下の式の両辺を 10 倍する。

4 $x = 5$，$y = 4$
解説 上の式の両辺を 100 倍，下の式の両辺を 10 倍する。

5 $x = 3$，$y = 4$
解説 $\begin{cases} 7x - 6y = -3 \\ -5x + 3y = -3 \end{cases}$

6 $x = 12$，$y = 18$
解説 下の式は，比例式の性質を利用する。

7 $a = 5$，$b = 3$
解説 x，y の値を代入すると，$\begin{cases} 2a - 4b = -2 \\ 2b - 4a = -14 \end{cases}$

8 $a = 3$，$b = -2$
解説 $\begin{cases} 2x + y = 3 \\ x - 3y = 5 \end{cases}$ を解くと，$x = 2$，$y = -1$

7 連立方程式の利用 ①

重要度
☆☆☆

問題 次の各問いに答えなさい。

解答

得点 アップ UP 数量の関係を表にまとめる

	50円の ロールパン	80円の クロワッサン	合計
個数(個)	x +	y =	10
代金(円)	$50x$ +	$80y$ =	620

表にまとめると, 2つの方程式をつくりやすい。

→ $x + y = 10$ …① (個数の関係)

→ $50x + 80y = 620$ …② (代金の関係)

□ 1* 2つの正の整数があり, 2つの数の和は80で, 一方の数は他方の数の2倍より8大きいとき, この2つの数を求めなさい。

□ 2* 1個130円のりんごと, 1個80円のみかんを合わせて20個買ったときの代金は1850円である。買ったりんごとみかんの個数をそれぞれ求めなさい。

□ 3* ある動物園の入園料は, 大人3人と子ども4人で2000円, 大人2人と子ども3人で1400円である。大人1人, 子ども1人の入園料をそれぞれ求めなさい。

□ 4 2けたの整数があり, 十の位の数と一の位の数の和は10で, 十の位の数と一の位の数を入れかえてできる数は, もとの数より18小さい。もとの整数を求めなさい。

□ 5 現在, 母の年齢は子どもの年齢の3倍であるが, 14年後には, 母の年齢は子どもの年齢の2倍になる。現在の, 母と子どもの年齢をそれぞれ求めなさい。

1 24, 56

解説 $\begin{cases} x + y = 80 \\ y = 2x + 8 \end{cases}$

2 りんご…5個
みかん…15個

解説 $\begin{cases} x + y = 20 \\ 130x + 80y = 1850 \end{cases}$

3 大人…400円
子ども…200円

解説 $\begin{cases} 3x + 4y = 2000 \\ 2x + 3y = 1400 \end{cases}$

4 64

解説 もとの整数の十の位の数を x, 一の位の数を y とする。

$\begin{cases} x + y = 10 \\ 10y + x = 10x + y - 18 \end{cases}$

5 母…42歳
子ども…14歳

解説 現在の母の年齢を x 歳, 子どもの年齢を y 歳とする。

$\begin{cases} x = 3y \\ x + 14 = 2(y + 14) \end{cases}$

8 連立方程式の利用 ②

重要度
☆☆☆

問題 次の各問いに答えなさい。

解答

得点アップけP よく使われる公式

① $(時間) = \dfrac{(道のり)}{(速さ)}$

$(道のり) = (速さ) \times (時間)$

② $(値引き後の値段) = (定価) \times (1 - 割引き率)$

例 定価 x 円の品物の 10% 引き後の値段

$x \times \left(1 - \dfrac{10}{100}\right) = \dfrac{90}{100}x = 0.9x (円)$

□ 1* A 地から B 地を通って C 地までの道のりは、2500 m である。A 地から B 地までを分速80 m、B 地から C 地までを分速 60 m で進むと、全体で 35 分かかった。A 地から B 地までの道のりと B 地から C 地までの道のりをそれぞれ求めなさい。

1　A 地から B 地
　…1600 m
　B 地から C 地
　…900 m

解説 $\begin{cases} x + y = 2500 \\ \dfrac{x}{80} + \dfrac{y}{60} = 35 \end{cases}$

□ 2 周囲が 1440 m の池があり、A、B 2 人が同じ場所から同時に出発してこの池をまわる。反対方向にまわると 6 分後に出会い、同じ方向にまわると 12 分後に A が B に追いつく。A、B の速さをそれぞれ求めなさい。

2　A…分速 180 m
　B…分速 60 m

解説 A の速さを分速 x m、B の速さを分速 y m とする。

$\begin{cases} 6x + 6y = 1440 \\ 12x - 12y = 1440 \end{cases}$

□ 3* くつとかばんを 1 組買った。定価で買うと、1 組の代金は 4500 円だが、くつは定価の 20% 引き、かばんは定価の 30% 引きになっていたので、3400 円で買うことができた。くつとかばんの定価をそれぞれ求めなさい。

3　くつ…2500 円
　かばん…2000 円

解説
$\begin{cases} x + y = 4500 \\ 0.8x + 0.7y = 3400 \end{cases}$

□ 4* ある中学校の去年の生徒数は、男女合わせて380 人だった。今年は去年より、男子が 6% 増え、女子が 5% 減ったので、全体で 3 人増えた。今年の男子、女子の生徒数をそれぞれ求めなさい。

4　男子…212 人
　女子…171 人

解説 去年の男子を x 人、女子を y 人とする。

$\begin{cases} x + y = 380 \\ 0.06x - 0.05y = 3 \end{cases}$
$x = 200,\ y = 180$

9

1 次 関 数

重要度
☆☆☆

問題 次の各問いに答えなさい。

解答

得点アップのP　1次関数

①式 ➡ $y = ax + b$　（a, b は定数）

②（変化の割合）$= \dfrac{(y \text{の増加量})}{(x \text{の増加量})} = a$　（一定である）

□1* 次のア〜エの式のうち，y が x の1次関数であるものをすべて選びなさい。

　　ア　$y = 6x + 3$　　イ　$y = -3x$

　　ウ　$y = \dfrac{8}{x}$　　エ　$y = 10 - 5x$

□2 y が x の1次関数で，右のような値をとる。この関数の変化の割合を求めなさい。

x	…	1	…	5	…
y	…	4	…	16	…

□3* 1次関数 $y = 2x + 5$ で，x の値が4から8まで増加するときの変化の割合を求めなさい。

□4 1次関数 $y = -4x - 6$ で，x の値が-5から1まで増加するときの変化の割合を求めなさい。

□5* 1次関数 $y = -3x + 2$ の変化の割合を求めなさい。

□6 1次関数 $y = -x + 4$ の変化の割合を求めなさい。

□7* 1次関数 $y = 5x - 7$ で，x の増加量が3のときの y の増加量を求めなさい。

□8 1次関数 $y = -\dfrac{4}{5}x + \dfrac{1}{4}$ で，x の増加量が15のときの y の増加量を求めなさい。

1 ア，イ，エ

解説 $y = ax + b$ の形のものを選ぶ。
イは，$y = -3x + 0$，
エは，$y = -5x + 10$
と考えるとよい。

2 3

解説 $\dfrac{16 - 4}{5 - 1}$

3 2

解説 $\dfrac{21 - 13}{8 - 4}$

4 -4

解説 $\dfrac{(-10) - 14}{1 - (-5)}$

5 -3

6 -1

解説 $y = -1 \times x + 4$
　　　　　　↖変化の割合

7 15

解説 （y の増加量）
$= a \times$（x の増加量）
5×3

8 -12

解説 $\left(-\dfrac{4}{5}\right) \times 15$

10 1次関数のグラフ

重要度 ☆☆☆

問題 次の各問いに答えなさい。

解答

得点アップP　1次関数のグラフ

1次関数 $y=ax+b$ のグラフは，傾き a，切片 b の直線である。

$a>0$ のとき
右上がり

$a<0$ のとき
右下がり

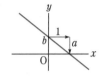

□ 1* $y=2x+6$ のグラフの傾きと切片を答えなさい。

□ 2 $y=-x-8$ のグラフの傾きと切片を答えなさい。

□ 3 $y=3x-4$ と y 軸との交点の座標を求めなさい。

次の空らんをうめなさい。

□ 4* 直線 $y=-5x+1$ は，右へ1進むと，上へ □A ，
つまり，下へ □B 進む。

□ 5 直線 $y=\dfrac{2}{5}x-3$ は，右へ5進むと，上へ□
進む。

次の 6〜9 の1次関数のグラフをかきなさい。

□ 6* $y=x-4$

□ 7* $y=-4x+3$

□ 8* $y=\dfrac{3}{4}x-1$

□ 9* $y=-\dfrac{1}{2}x+1$

□ 10* 9 で，x の変域が $-2\leqq x<4$ のときの y の変
域を求めなさい。

1 傾き…2
　切片…6

2 傾き…-1
　切片…-8

3 $(0, -4)$

解説 直線 $y=ax+b$ と y
軸との交点
→ $x=0$ となる点 → $(0, b)$

4 A…-5
　B…5

5 2

6
7
8
9

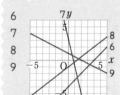

解説 傾きや切片をもとに
グラフが通る2点を決める。

10 $-1<y\leqq 2$

解説 傾きが負なので，x
の変域と y の変域の大小関
係は逆になる。

社会 理科 数学 英語 国語

11 1次関数の式の求め方

重要度
☆☆☆

問題 次の1次関数の式を求めなさい。

解答

得点アップ P 1次関数の式を求める

①変化の割合（傾き）a と1組の x, y の値が与えられたとき
$y = ax + b$ に与えられた値を代入して，b の値を求める。
②2組の x, y の値が与えられたとき
〈方法1〉変化の割合を求めてから，上の①の方法で b の値を求める。
〈方法2〉与えられた値を代入して，a, b についての連立方程式をつくり，
　　　　　a, b の値を求める。

□1　グラフの傾きが5で，切片が−1

□2* 変化の割合が−4で，$x=2$ のとき $y=-3$

□3　x の値が4増加するとき y の値は2減少し，
$x=0$ のとき $y=5$

□4* グラフが直線 $y=8x-1$ に平行で，点$(1, 3)$
を通る。

□5　$x=1$ のとき $y=5$，$x=3$ のとき $y=11$

□6* $x=-3$ のとき $y=9$，$x=2$ のとき $y=-1$

□7* グラフが2点$(-2, -5)$，$(4, 15)$を通る。

□8* 右の図の直線①

□9　右の図の直線②

□10* 右の図の直線③

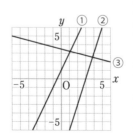

1　$y = 5x - 1$

2　$y = -4x + 5$
解説 変化の割合が−4
→ $y = -4x + b$

3　$y = -\dfrac{1}{2}x + 5$
解説 変化の割合は
$\dfrac{-2}{4} = -\dfrac{1}{2}$，切片は5

4　$y = 8x - 5$
解説 平行な2直線の傾き
は等しい。

5　$y = 3x + 2$

6　$y = -2x + 3$

7　$y = \dfrac{10}{3}x + \dfrac{5}{3}$

8　$y = 2x + 1$

9　$y = 3x - 9$
解説 グラフの傾きは3で，
点$(3, 0)$を通る。

10　$y = -\dfrac{1}{4}x + \dfrac{7}{2}$
解説 2点$(-2, 4)$，$(2, 3)$
を通る。

12

1 次関数と方程式

重要度
☆☆☆

問題 次の各問いに答えなさい。

解答

社会

理科

数学

英語

国語

得点 アップ の P　2 元 1 次方程式のグラフ

① 2 元 1 次方程式　$ax + by = c$　のグラフ

$$ax + by = c \xrightarrow[\text{解く}]{y \text{について}} y = -\frac{a}{b}x + \frac{c}{b}$$ の直線

傾き　切片

② $y = k$ のグラフ ➡ 点$(0, k)$を通り，x 軸に平行な直線

$x = h$ のグラフ ➡ 点$(h, 0)$を通り，y 軸に平行な直線

次の方程式のグラフをかきなさい。

□ 1　$6x + 3y = 9$

□ 2*　$x - 2y + 4 = 0$

□ 3*　$\dfrac{x}{3} - \dfrac{y}{2} = 1$

□ 4*　$y = 3$

□ 5*　$x = -4$

□ 6　$4y + 16 = 0$

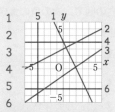

解説 1～3，6 の方程式は，y について解いてからグラフをかく。

得点 アップ の P　連立方程式とグラフ

2 直線の交点の座標は，2 つの直線の式を組にした連立方程式を解いて求められる。

□ 7*　右の図の 2 直線の交点の座標を求めなさい。

□ 8*　$y = 3x - 6$ のグラフが x 軸と交わる点の座標を求めなさい。

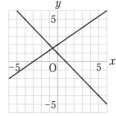

7　$\left(-\dfrac{3}{5}, \dfrac{8}{5}\right)$

解説
$$\begin{cases} y = \dfrac{2}{3}x + 2 \\ y = -x + 1 \end{cases}$$

8　$(2, 0)$

解説 x 軸との交点
→ $y = 0$ となる点

13 平行線と角

重要度
☆☆☆

問題 次の各問いに答えなさい。

解答

得点 アップ けP 対頂角，同位角，錯角

①対頂角は等しい　②2直線が平行 ⬌ 同位角，錯角は等しい

 対頂角

 同位角

 錯角

右の図で，次の角の大きさを
求めなさい。

□ 1* ∠a の大きさ

□ 2　∠b の大きさ

□ 3* ∠c の大きさ

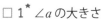

1　50°

2　60°

3　70°

解説

$\angle c = 180° - \angle a - \angle b$

右の図で，ℓ // m のとき，次
の角の大きさを求めなさい。

□ 4* ∠d の大きさ

□ 5* ∠e の大きさ

□ 6　∠f の大きさ

□ 7　∠g の大きさ

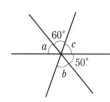

4　65°

5　65°

解説

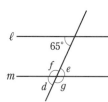

錯角

同位角

6　115°

解説 $\angle f = 180° - \angle d$

7　115°

8　75°

解説

□ 8* 右の図で，ℓ // m のとき，
∠h の大きさを求めな
さい。

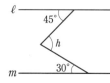

14 多角形の角

重要度
☆☆☆

問題 次の各問いに答えなさい。

解答

社会

得点アップけP **多角形の角**

① 三角形の内角の和，内角と外角の関係
　㋐ 三角形の内角の和は 180°
　㋑ 三角形の外角は，それととなり合わない2つ
　　の内角の和に等しい。
② 多角形の内角の和，外角の和
　㋐ n 角形の内角の和 ➡ $180° \times (n-2)$
　㋑ n 角形の外角の和 ➡ $360°$

□ 1* 右の図で，∠x の大きさを
　　　求めなさい。

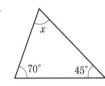

1　65°
解説
$\angle x = 180° - (70° + 45°)$

□ 2* 右の図で，∠y の大きさ
　　　を求めなさい。

2　25°
解説 $\angle y + 15° = 40°$

□ 3* 六角形の内角の和を求めなさい。

3　720°
解説 $180° \times (6-2)$

□ 4　正八角形の1つの内角の大きさを求めなさい。

4　135°
解説
$180° \times (8-2) = 1080°$
$1080° \div 8$

□ 5* 内角の和が1440°である多角形は何角形ですか。

5　十角形
解説
$180° \times (n-2) = 1440°$

□ 6　十二角形の外角の和を求めなさい。

6　360°

□ 7　正十二角形の1つの外角の大きさを求めなさい。

7　30°
解説 $360° \div 12$

□ 8* 右の図で，∠z の大
　　　きさを求めなさい。

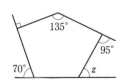

8　60°
解説 $\angle z = 360° - \{70° +$
$90° + (180° - 135°) + 95°\}$

15 合同な図形

重要度
☆☆☆

問題 次の各問いに答えなさい。

解答

得点 アップ げP **三角形の合同条件**

① 3組の辺がそれぞれ等しい。
② 2組の辺とその間の角がそれぞれ等しい。
③ 1組の辺とその両端の角がそれぞれ等しい。

右の図で, △ABC と △DEF が合同で
あることをいうために, どんな条件が
必要か, □ をうめなさい。

□ 1* AB = DE, BC = EF,
　　　①　=　②

□ 2* AB = DE, AC = DF,
　　　∠③ = ∠④

□ 3* ⑤ = ⑥ , ∠B = ∠E, ∠C = ∠F

次の図で, 合同な三角形を記号「≡」を使って表し,
そのときに使った合同条件をいいなさい。

□ 4

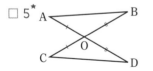

$$\begin{pmatrix} AB = CB \\ AD = CD \end{pmatrix}$$

□ 5*

A ——— B
　C —— O —— D

$$\begin{pmatrix} AO = CO \\ BO = DO \end{pmatrix}$$

1　①…AC
　　②…DF
解説 3組の辺がそれぞれ
等しい。

2　③…A
　　④…D
解説 2組の辺とその間の
角がそれぞれ等しい。

3　⑤…BC
　　⑥…EF
解説 1組の辺とその両端
の角がそれぞれ等しい。

4　△ABD≡△CBD
　　3組の辺がそれぞれ
　　等しい。
解説 辺 BD は, △ABD,
△CBD のどちらにもふく
まれるから, BD = BD

5　△OAB≡△OCD
　　2組の辺とその間の
　　角がそれぞれ等し
　　い。
解説 対頂角は等しいから,
∠AOB = ∠COD

16 合同の証明

重要度
☆☆☆

問題 次の各問いに答えなさい。

解答

得点 アップ UP P　仮定と結論

① 「○○○ならば△△△」　　②証明の流れ
　　　仮定　　　結論　　　　　仮定 ──→ 結論
　　　　　　　　　　　　　　　根拠となることがら

次のことがらについて，仮定と結論をいいなさい。

□1 $a = b$ ならば，$a - c = b - c$

□2* 三角形の内角の和は $180°$ である。

1 仮定… $a = b$
　結論… $a - c = b - c$

2 仮定… 三角形
　結論… 内角の和は
　　　　 $180°$

解説 「三角形ならば，内角の和は $180°$ である。」の形になおす。

右の図で，O は線分 AD の中点で，
AB//CD である。このとき，
OB = OC であることを証明する。
次の各問いに答えなさい。

□3 仮定をいいなさい。

□4 結論をいいなさい。

□□をうめて，証明を完成させなさい。

（証明）　△OAB と△ 5* において，
　O は線分 AD の中点だから，OA = 6* …①
　対頂角は等しいから，∠AOB = ∠ 7* …②
　AB//CD で，平行線の 8 は等しいから，
　∠OAB = ∠ 9* …③
　①，②，③より，10* から，11*
　合同な図形で，対応する辺の長さは等しいから，
　12

3 OA = OD,
　AB//CD

4 OB = OC

5 ODC

解説 OB = OC を導くために，OB, OC をそれぞれ辺にもつ 2 つの三角形に着目する。

6 OD

7 DOC

8 錯角（さっかく）

9 ODC

10 1 組の辺とその両端の角（たん）がそれぞれ等しい

11 △OAB ≡ △ODC

12 OB = OC

社会　理科　数学　英語　国語

17 二等辺三角形

重要度
☆☆☆

問題 次の各問いに答えなさい。

解答

得点アップ UP　二等辺三角形

定義 ➡ 2つの辺が等しい三角形を二等辺三角形という。

性質 ➡ 2つの底角は等しい。
　　　　頂角の二等分線は，底辺を垂直に2等分する。

頂角

底角

底辺

次の図で，∠x の大きさを求めなさい。

□ 1[★]

□ 2

□ 次の図で，AB = AC，BE = CD，BD と CE の交点を P とするとき，△PBC は二等辺三角形であることを証明しなさい。

（証明）　△BEC と△ ③ において，

　　仮定より，BE = ④ …①

　　二等辺三角形の底角より，

　　∠EBC = ∠ ⑤[★] …②

　　共通な辺だから，BC = ⑥[★] …③

　　①，②，③より，⑦[★] から，⑧[★]

　　よって，∠ECB = ∠ ⑨[★]

　　⑩[★] が等しいから，△PBC は二等辺三角形である。

□ 11[★]「整数 a，b で，a，b がともに奇数ならば，a と b の和は偶数である。」この逆をいいなさい。
　　また，それが正しいか正しくないかをいい，正しくないときは反例をいいなさい。

1　50°

2　40°

解説 180° − 110° = 70°
∠x = 180° − 70° × 2

3　CDB

4　CD

5　DCB

6　CB

7　2組の辺とその間
　　の角がそれぞれ等し
　　い

8　△BEC ≡ △CDB

9　DBC

10　2つの角

解説 二等辺三角形であることの証明は，2つの辺または2つの角が等しいことを示せばよい。

11　逆…整数 a，b で，
　　a と b の和が偶数な
　　らば，a，b はともに
　　奇数である。
　　正しくない。
　　反例…a = 4，b = 2

18 直角三角形の合同条件

重要度
☆☆☆

問題 次の各問いに答えなさい。

解答

得点 アップ ‼P　直角三角形

①直角三角形で，直角に対する辺を斜辺という。

②直角三角形の合同条件

　⑦斜辺と1つの鋭角がそれぞれ等しい。

　④斜辺と他の1辺がそれぞれ等しい。

斜辺

次の図で，1〜3の三角形と合同な三角形をそれぞれみつけ，そのときに使った合同条件をいいなさい。

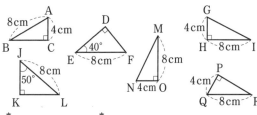

□ 1* △ABC　　□ 2* △DEF　　□ 3 △GHI

1 △QRP，直角三角形の斜辺と他の1辺がそれぞれ等しい。

2 △KLJ，直角三角形の斜辺と1つの鋭角がそれぞれ等しい。

3 △NOM，2組の辺とその間の角がそれぞれ等しい。

解説 斜辺の長さはわかっていない。三角形の合同条件を使う。

□右の図で，∠XOY の二等分線上の点 P から OX，OY にひいた垂線を PQ，PR とするとき，PQ = PR であることを証明しなさい。

（証明）　△OPQ と△ 4 において，

　仮定より，∠OQP = ∠ORP = 5* °…①

　　　　　　　∠POQ = ∠ 6* …②

　共通な辺だから，OP = 7 …③

　①，②，③より， 8* から， 9

　合同な図形で，対応する辺の長さは等しいから，

　 10

4 OPR

5 90

6 POR

7 OP

8 直角三角形の斜辺と1つの鋭角がそれぞれ等しい

9 △OPQ≡△OPR

10 PQ = PR

19 平行四辺形の性質

重要度 ☆☆☆

問題 次の各問いに答えなさい。

解答

得点 アップ ひP　平行四辺形

定義 ➡ 2組の対辺がそれぞれ平行な四角形
性質 ➡ 2組の対辺はそれぞれ等しい。
　　　　2組の対角はそれぞれ等しい。
　　　　対角線はそれぞれの中点で交わる。

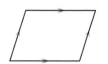

次の図の平行四辺形で，x, y の値を求めなさい。

□ 1*
65°, $x°$, $y°$

□ 2*
25 cm, 15 cm, y cm, x cm

□右の図で，▱ABCD の対角線の交点 O を通る直線が，2辺 AB，CD と交わる点をそれぞれ P，Q とする。このとき，OP = OQ であることを証明しなさい。

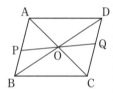

（証明）　△AOP と△ 3 において，

O は対角線の交点だから，

OA = 4* …①

AB// 5* より，∠OAP = ∠ 6* …②

対頂角は等しいから，

∠AOP = ∠ 7* …③

①，②，③より， 8* から， 9

合同な図形で，対応する辺の長さは等しいから，

10

1　$x=65$，$y=115$
解説 $y=180-65$

2　$x=25$，$y=30$
解説 $y=15×2$

3　COQ

4　OC

5　DC

6　OCQ
解説 ∠OAP と∠OCQ は 2直線 AB，DC の錯角

7　COQ

8　1組の辺とその両端の角がそれぞれ等しい

9　△AOP≡△COQ

10　OP = OQ
解説 平行四辺形の性質から等しい辺や角をみつけ，三角形の合同条件を考える。

20 平行四辺形になる条件

重要度
☆☆☆

問題 次の各問いに答えなさい。

解答

得点 アップ UP　平行四辺形になる条件

① 2 組の対辺がそれぞれ平行である。（定義）
② 2 組の対辺がそれぞれ等しい。
③ 2 組の対角がそれぞれ等しい。
④ 対角線がそれぞれの中点で交わる。
⑤ 1 組の対辺が平行でその長さが等しい。

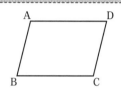

次の四角形 ABCD が平行四辺形であれば○を，そうで
なければ×をつけなさい。

□ **1** ∠A = 100°, ∠B = 80°, ∠C = 100°

□ **2*** AB = AD, BC = DC

□ **3*** AB = DC, AD // BC

□ **4** AD // BC, AD = BC = 4 cm

1 ○

2 ×

解説

3 ×

解説 台形の場合がある。

4 ○

解説 1 組の対辺が平行で
その長さが等しいから，平
行四辺形である。

□右の図で，▱ABCD の対角線
の交点を O とし，対角線 AC
上に AE = CF となる点 E,
F をとるとき，四角形 BFDE
が平行四辺形となることを証
明しなさい。

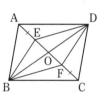

（証明） 平行四辺形の対角線の性質より，

　OB = 5* …①,　OA = 6* …②

　仮定より，AE = 7* …③

　②，③より，OE = OA − AE

　　　　　　　 = 6 − 7 = 8* …④

　①，④より，9* から，

四角形 BFDE は平行四辺形である。

5 OD

6 OC

7 CF

8 OF

解説 長さの等しい線分か
ら長さの等しい線分をひい
た残りの線分の長さは等し
い。

9 対角線がそれぞれ
の中点で交わる

117

21 特別な平行四辺形, 平行線と面積

重要度 ☆☆☆

問題 次の各問いに答えなさい。

解答

得点アップけP　特別な平行四辺形

長方形 ➡ 4つの角が等しい四角形

ひし形 ➡ 4つの辺が等しい四角形

正方形 ➡ 4つの角が等しく, 4つの辺が等しい四角形

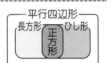

□ABCD で, 次の条件が加わると, どんな四角形になりますか。

□ 1* ∠A = ∠B

□ 2* AB = AD

□ 3* ∠A = ∠B, AB = AD

□ 4　AC = BD

□ 5　AC⊥BD

□ 6　AC = BD, AC⊥BD

1　長方形

2　ひし形

3　正方形

4　長方形

5　ひし形

6　正方形

解説 正方形は, 長方形とひし形の両方の性質をもつ。

得点アップけP　平行線と面積

① PQ∥AB ならば, △PAB = △QAB
2つの面積が等しいことを表す↲

②△PAB = △QAB ならば, PQ∥AB

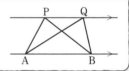

右の図で, 次の三角形と面積が等しい三角形を答えなさい。

□ 7* △ABC

□ 8* △ABO

7　△DBC

8　△DCO

解説
△ABO = △ABC − △OBC

□ 9* 右の図で, 半直線 FG 上に, 四角形 EFGH = △EFP となる線分 EP を作図しなさい。

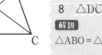

9

解説 △EGH = △EGP

22 確　率 ①

重要度
☆ ☆ ☆

問題 次の各問いに答えなさい。

解答

得点 アップ げP　確率の求め方

起こりうる場合が全部で n 通りあり，どの場合が起こることも同様に確からしいとする。このうち，ことがら A の起こる場合が a 通りあるとき，

A の起こる確率 p ➡ $p = \dfrac{a}{n}$

ジョーカーを除く 52 枚のトランプからカードを 1 枚ひくとき，次の確率を求めなさい。

□ 1* ダイヤのカードをひく確率

□ 2　K(キング)のカードをひく確率

□ 3* ダイヤのKのカードをひく確率

1　$\dfrac{1}{4}$

解説 ダイヤのカードは全部で 13 枚ある。

2　$\dfrac{1}{13}$

3　$\dfrac{1}{52}$

1 つのさいころを投げるとき，次の確率を求めなさい。

□ 4　3 の目が出る確率

□ 5* 偶数の目が出る確率

□ 6* 2 以下の目が出る確率

4　$\dfrac{1}{6}$

5　$\dfrac{1}{2}$

解説 2, 4, 6 の 3 通りある。

袋に，赤玉 5 個，青玉 3 個，白玉 1 個が入っている。袋の中から玉を 1 個取り出すとき，次の確率を求めなさい。

□ 7* 赤玉を取り出す確率

□ 8　青玉を取り出す確率

□ 9* 青玉または白玉を取り出す確率

6　$\dfrac{1}{3}$

7　$\dfrac{5}{9}$

解説 玉の個数は全部で，
$5 + 3 + 1 = 9$(個)

8　$\dfrac{1}{3}$

9　$\dfrac{4}{9}$

解説 青玉または白玉を取り出す場合の数は，
$3 + 1 = 4$(通り)

23 確　率 ②

重要度
☆☆☆

問題 次の各問いに答えなさい。

解答

得点アップ けP　確率の性質

あることがら A の起こる確率を p とすると,
① p の範囲 ➡ $0 \leq p \leq 1$ 　　　　② A の起こらない確率 ➡ $1-p$
　決して起こらない確率　必ず起こる確率

1 つのさいころを投げるとき, 次の確率を求めなさい。

□1　7 の目が出る確率

□2　6 以下の目が出る確率

□3* 5 の目が出ない確率

1　0　　　2　1

3　$\dfrac{5}{6}$

解説

$\begin{pmatrix}5\text{の目}\\\text{が出な}\\\text{い確率}\end{pmatrix}=1-\begin{pmatrix}5\text{の目}\\\text{が出る}\\\text{確率}\end{pmatrix}$

3 枚のコインを同時に投げるとき, 次の確率を求めなさい。

□4* 3 枚とも表になる確率

□5* 2 枚が表で, 1 枚が裏になる確率

□6* 少なくとも 1 枚は裏になる確率

4　$\dfrac{1}{8}$　　5　$\dfrac{3}{8}$

6　$\dfrac{7}{8}$

7　$\dfrac{1}{12}$

8　$\dfrac{1}{4}$

解説 出る目の積が奇数になるのは, 2 つとも奇数の目が出るときである。

2 つのさいころを同時に投げるとき, 次の確率を求めなさい。

□7* 出る目の和が 10 になる確率

□8　出る目の積が奇数になる確率

□9　少なくとも一方は偶数の目である確率

9　$\dfrac{3}{4}$

解説

$\begin{pmatrix}\text{少なくとも}\\\text{一方が偶数}\\\text{の目の確率}\end{pmatrix}=1-\begin{pmatrix}\text{両方の目}\\\text{が奇数の}\\\text{確率}\end{pmatrix}$

5 本のうちあたりが 2 本入っているくじを, A, B の 2 人がこの順に 1 本ずつひくとき, 次の確率を求めなさい。(くじはもとへ戻さない。)

□10* B があたる確率

□11* A, B 2 人ともあたる確率

10　$\dfrac{2}{5}$　　11　$\dfrac{1}{10}$

解説 あたりを①, ②, はずれを③, ④, ⑤として樹形図をかく。

データの活用

月　日

24 データの分布

重要度
☆☆☆

問題 次の各問いに答えなさい。

解答

社会

理科

数学

英語

国語

得点 アップ UP　四分位数と箱ひげ図

①四分位数…データを小さい順に並べたとき，4等分する位置にくる値。

②箱ひげ図…最小値，最大値，四分位数を箱と線（ひげ）を用いて1つの図に表したもの。

最小値　第1四分位数　第2四分位数（中央値）　第3四分位数　最大値

次のデータは，2年生の英語のテストの結果です。

33, 18, 41, 30, 28, 47, 38
25, 30, 34, 40, 45, 35（点）

□ 1* 第2四分位数を求めなさい。

□ 2* 第1四分位数を求めなさい。

□ 3* 第3四分位数を求めなさい。

次の図は，2年生の50 m走の結果を箱ひげ図に表したものです。

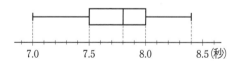

□ 4 最小値，最大値を求めなさい。

□ 5 第1四分位数を求めなさい。

□ 6 第2四分位数を求めなさい。

□ 7 第3四分位数を求めなさい。

□ 8* 四分位範囲を求めなさい。

1　34点
解説 13人の中央値は7人目の値。

2　29点
解説 小さい順に並べたときの3人目と4人目の平均だから，(28+30)÷2

3　40.5点
解説 (40+41)÷2

4　最小値…7.0秒
　　最大値…8.4秒

5　7.5秒

6　7.8秒

7　8.0秒

8　0.5秒
解説 8.0-7.5

月　日

1 一般動詞とその過去形

重要度
☆☆☆

問題 次の各問いに答えなさい。

解答

●一般動詞の語形変化

日本語に合うように空所を補充しなさい。

□ 1* ケンはこの前の夏，沖縄に行きました。

Ken _____ to Okinawa last summer.

□ 2 由香とメグはピアノをひきます。

Yuka and Meg _____ the piano.

□ 3 アイは毎週，ここに来ます。

Ai _____ here every week.

□ 4* 彼女はその本を机の上に置きました。

She _____ the book on the desk.

●一般動詞の現在・過去の文の形

指示通りにしなさい。

□ 5* My mother makes a cake every week.

（下線部を last にかえて）

My mother _____ a cake last week.

□ 6 He doesn't listen to Japanese music.

（過去の文に）

He _____ _____ to Japanese music.

□ 7 Did Lee speak Chinese? （肯定文に）

Lee _____ Chinese.

意味の通る文になるように並べかえなさい。

□ 8 (bag, use, I, don't, this).

□ 9 (did, what, eat, you, for) lunch?

---

1 went

2 play

3 comes

4 put
解説 go「行く」，put「置く」は不規則動詞。

5 made

6 didn't listen

7 spoke
解説 make「作る」，speak「話す」は不規則動詞。
does not＝doesn't
did not＝didn't

8 I don't use this bag.

9 What did you eat for

得点
アップ
UP
◎不規則動詞の過去形
▶put「置く」，cut「切る」など，原形と過去形の形が同じ動詞に注意する。

122

2 be 動詞とその過去形

重要度
☆☆☆

問題 次の各問いに答えなさい。

解答

社会 / 理科 / 数学 / 英語 / 国語

●be 動詞　現在形・過去形の使い分け

日本語に合うように空所を補充しなさい。

□ 1　あなたは上手な野球選手です。
　　　_____ _____ a good baseball player.

1　You are

□ 2　彼らは昨日，忙しかったです。
　　　_____ _____ busy yesterday.

2　They were

□ 3　ロンドンでは先週の日曜日は晴れでした。
　　　_____ _____ fine in London last Sunday.

3　It was

□ 4　サキは中学生です。
　　　_____ _____ a junior high school student.

4　Saki is
解説 is, am の過去形は was, are の過去形は were。

●be 動詞　過去の否定文・疑問文・答えの文

指示通りにしなさい。

□ 5* Ted was in the room then.　（疑問文に）
　　　_____ _____ in the room then?

5　Was Ted

□ 6* These singers were popular.　（否定文に）
　　　These singers _____ _____ popular.

6　were not

□ 7* This notebook was <u>in this bag</u>.
　　　　　　（下線部をたずねる疑問文に）
　　　_____ _____ this notebook?

7　Where was
解説 場所は where でたずねる。

対話を完成しなさい。

□ 8* Were you in Paris then? — Yes, I _____.

8　was

□ 9* Were they free yesterday?
　　　— No, they _____.

9　weren't

得点
アップ
ＵＰ

◎ be 動詞 was / were の疑問文・否定文
▶ 疑問文は主語の前に was / were，否定文は was / were のあとに not を置く。

3 過去進行形

重要度
☆☆☆

問題 次の各問いに答えなさい。

解答

◉ 過去進行形の動詞の形

動詞を適する形にかえなさい。

□ 1　Yuka was ＿＿＿＿＿ math then.　（ study ）

□ 2　They were ＿＿＿＿＿ pictures.　（ take ）

□ 3*　I was ＿＿＿＿＿ then.　（ run ）

日本語に合うように空所を補充しなさい。

□ 4*　彼は3時に部屋を掃除していませんでした。

　　　He ＿＿＿＿＿ ＿＿＿＿＿ his room at three.

□ 5　あなたはお母さんを手伝っていましたか。

　　　＿＿＿＿＿ you ＿＿＿＿＿ your mother?

□ 6　私はそのとき新聞を読んでいました。

　　　I ＿＿＿＿＿ ＿＿＿＿＿ a newspaper then.

対話を完成しなさい。

□ 7*　Were you cooking dinner at seven?

　　　— Yes, ＿＿＿＿＿ ＿＿＿＿＿.

□ 8*　＿＿＿＿＿ were they playing soccer?

　　　— At school.

指示通りにしなさい。

□ 9*　I was singing.　（下線部をたずねる疑問文に）

　　　＿＿＿＿＿ ＿＿＿＿＿ you ＿＿＿＿＿?

英語にしなさい。

□ 10　あなたはそのとき昼食を食べていましたか。

1　studying

2　taking

3　running

4　wasn't cleaning

5　Were，helping

6　was reading

解説 主語によって was と
were を使い分ける。

7　I was〔we were〕

8　Where

9　What were,
doing

10　Were you eating
〔having〕lunch then
〔at that time〕?

得点
アップ
UP

◉語尾が〈短母音＋子音字〉の動詞の〜ing 形

▶ run → running，cut → cutting，plan → planning など
のように，語尾を重ねて ing をつける動詞に注意する。

4 未来を表す表現

重要度
☆☆☆

問題 次の各問いに答えなさい。

解答

社会　理科　数学　英語　国語

◉未来を表す文

日本語に合う適切な語句を選びなさい。

□1* 彼は明日，ユイに会うでしょう。

He (meeting, will meets, will meet) Yui tomorrow.

1　will meet

□2* 彼は次の日曜日，野球をするつもりです。

He is going to (play, plays, playing) baseball next Sunday.

2　play
解説 will, be going to の あとの動詞は常に原形。

◉未来を表す文の疑問文・否定文

日本語に合うように空所を補充しなさい。

□3 あなたは次の週末，パーティーをするつもりですか。

＿＿＿＿ ＿＿＿＿ going ＿＿＿＿ have a party next weekend?

3　Are you, to
解説 be going to の be 動詞は主語によって使い分 ける。

□4 アンは今日は買い物に行かないでしょう。

Ann ＿＿＿ ＿＿＿ shopping today.

4　won't go

□5 ケンは明日，私を手伝ってくれるでしょうか。

＿＿＿ Ken ＿＿＿ me tomorrow?

5　Will, help

意味の通る文になるように並べかえなさい。

□6* (you, what, to, are, do, going) tomorrow?

6　What are you going to do

□7* (is, where, he, to, visit, going)?

7　Where is he going to visit?

□8 (do, what, you, will) next Sunday?

8　What will you do

□9 (you, will, I, call) tonight.

9　I will call you

得点
アップ
UP

◎ be going to と will
▶ be going to の going を「行く」と訳さない。
▶ will not の短縮形は won't。発音は [wount] となる。

125

5 接続詞

重要度
☆☆☆

問題 次の各問いに答えなさい。

解答

●接続詞の意味

日本語に合う適切な語を選びなさい。

□ 1* 私が電話したとき，あなたは寝ていました。

You were sleeping (when, if, because) I called you.

1 when

□ 2* 彼が忙しいなら，私が彼を手伝いましょう。

(When, If, That) he is busy, I'll help him.

2 If

●接続詞の使い方

日本語に合うように空所を補充しなさい。

□ 3* 母は病気だったので，私が夕食を作りました。

I cooked dinner _____ my mother was sick.

3 because

□ 4* この問題は簡単だと思います。

I think _____ this problem is easy.

4 that

解説 接続詞の that は省略することが多い。

□ 5* もしあなたが明日ひまなら，釣りに行こう。

_____ you _____ free, let's go fishing.

5 If, are

日本語に合うように接続詞を使って2文を1文にしなさい。

□ 6 家に帰ったら，アイはテレビを見ていました。

I came home. Ai was watching TV.

6 When I came home, Ai was watching TV.

□ 7 走れば時間通りにそこに着きますよ。

You run. You can get there on time.

7 If you run, you can get there on time.

解説 前後逆でもよい。

日本語にしなさい。

□ 8 I know that he likes baseball.

8 私は彼が野球が好きだと知っています。

得点
アップ
UP

◎ if の文の時制

▶条件を表す if 〜 の節では，未来のことでも現在形で表す。

6 There is〔are〕〜. の文

重要度 ☆☆☆

問題 次の各問いに答えなさい。

解答

◉ There is〔are〕〜. の文の形

( )内から適切な語を選びなさい。

□ 1* There (is, are) a ball under the table.

□ 2* There (was, were) some books here.

1 is
2 were

解説 be 動詞はあとの名詞と文の時制によって使い分ける。

◉ There is〔are〕〜. の疑問文・否定文

日本語に合うように空所を補充しなさい。

□ 3 この近くにバスの停留所はありますか。
_____ _____ a bus stop near here?

3 Is there

□ 4* この町には病院が1つもありませんでした。
_____ _____ any hospitals in this town.

4 There weren't

意味の通る文になるように並べかえなさい。

□ 5 (are, of, people, there, a, lot) in the park.

□ 6 (many, there, how, were, pens)?

5 There are a lot of people
6 How many pens were there?

◉ 応答文

対話を完成しなさい。

□ 7* Is there a big dog in the room?
— Yes, _____ _____.

7 there is

◉ There is〔are〕〜. の文の使い方

There is の文として間違っているものを1つ選びなさい。

□ 8* ア There is a panda in this zoo.
　　イ There is my bag on the bed.
　　ウ There is no money in my pocket.

8 イ

得点 アップ UP

◎ There is〔are〕〜. の文の使い方
▶ There is〔are〕〜. の文では，不特定のものについて表すことができるが，my や the などがついた特定できるものについては使えない。

127

前置詞

重要度
☆☆☆

問題 次の各問いに答えなさい。

解答

◉いろいろな前置詞

日本語に合う適切な語を選びなさい。

☐ 1　その店は 2012 年に開店しました。

The store opened (on, at, in) 2012.

1　in

☐ 2* 3 月 3 日の朝にここに来なさい。

Come here (on, of, in) the morning of March 3.

2　on

解説 日付や曜日の前には on を使う。

☐ 3* 私たちは来週まで大阪に滞在（たいざい）する予定です。

We are going to stay in Osaka (by, till, to) next week.

3　till

日本語に合うように空所を補充（ほじゅう）しなさい。

☐ 4　彼（かれ）は冬休みの間に神戸を訪れました。

He visited Kobe _____ winter vacation.

4　during

☐ 5　彼らは 3 時から 5 時までここにいました。

They were here _____ three _____ five.

5　from, to〔till/until〕

☐ 6　私はこの計画に反対です。

I'm _____ this plan.

6　against

解説 against「～に反対して」, for「～に賛成して」

◉前置詞を使った連語

日本語に合うように空所を補充しなさい。

☐ 7* あなたのおかげでチケットが取れました。

_____ _____ you, I got the ticket.

7　Thanks to

☐ 8* 私はあなたを誇（ほこ）りに思います。

I'm _____ _____ you.

8　proud of

得点
アップ
UP

◉ by と till のちがい

▶ by は〔期限〕「～まで(に)」, till〔until〕は〔継続（けいぞく）〕「～まで(ずっと)」。

8 助動詞 ①

重要度 ☆☆☆

問題 次の各問いに答えなさい。

解答

◉いろいろな助動詞

日本語に合う適切な語句を選びなさい。

☐ 1 私はもう帰宅しなければなりません。

I (can, should, must) go home now.

1 must

☐ 2 あなたはこの本を読むべきです。

You (can, should, must) read this book.

2 should

☐ 3 歩いて家に帰ってはいけません。

You (must not, don't have to, don't) walk home.

3 must not
解説 must not は「〜してはいけない」の意味。

◉have to の肯定文と否定文の意味

日本語にしなさい。

☐ 4* You have to buy a new dictionary.

☐ 5* We don't have to help him.

4 あなたは新しい辞書を買わなければなりません。

5 私たちは彼を手伝わなくてもよいです。

◉いろいろな助動詞を使った文

指示通りにしなさい。

☐ 6 I have to study English every day.

（下線部を He にかえて）

He _____ to _____ English every day.

6 has, study

☐ 7 Mark should use this pen. （否定文に）

Mark _____ _____ this pen.

7 shouldn't use

☐ 8 I have to take that bus. （疑問文に）

_____ I _____ to _____ that bus?

8 Do, have, take
解説 have to の文は have を一般動詞と同じように扱う。

得点 アップ UP

◉ have (has) to と don't (doesn't) have to
▶ have (has) to 〜は「〜しなければならない」、
don't (doesn't) have to 〜は「〜しなくてもよい」の意味。

9 助動詞 ②

重要度
☆☆☆

問題 次の各問いに答えなさい。

解答

◉依頼する文・許可を求める文

日本語に合う適切な語句を選びなさい。

□ 1* 窓を開けてくれませんか。

(May I, Will you, Shall I) open the window?

□ 2* この自転車を使ってもよいですか。

(Can I, Will I, Can you) use this bike?

□ 3* 歌ってくださいませんか。

(Could I, Shall you, Could you) sing?

1　Will you

2　Can I

3　Could you

解説 Could〔Would〕you ～? は, Can〔Will〕you ～? よりていねいな依頼の表現。

◉誘いかける文・申し出る文

日本語に合うように空所を補充しなさい。

□ 4* (私が)あなたを手伝いましょうか。

＿＿＿＿ ＿＿＿＿ help you?

ほぼ同じ意味の文にしなさい。

□ 5* Let's go shopping tomorrow.

＿＿＿＿ ＿＿＿＿ go shopping tomorrow?

英語にしなさい。

□ 6* (私が)あなたといっしょに行きましょうか。

4　Shall I

5　Shall we

6　Shall I go with you?

◉応答文

( )内から適切な語を選びなさい。

□ 7* May I use this pen?

— Sorry, you (don't, can't, won't).

7　can't

得点アップ UP

◎誘いかける文
▶ Let's ～.「～しましょう。」は, Shall we ～?「(いっしょに)～しましょうか。」と, ほぼ同じ意味を表す。

10 疑 問 詞

重要度
☆ ☆ ☆

問題 次の各問いに答えなさい。

解答

◉いろいろな疑問詞

日本語に合うように空所を補充しなさい。

□1 そのコンサートに行ってはどうですか。

＿＿＿＿ ＿＿＿＿ you go to the concert?

1 Why don't

□2 あなたはどのくらいの間，このホテルに滞在する予定ですか。

＿＿＿＿ ＿＿＿＿ are you going to stay at this hotel?

2 How long

◉疑問詞の位置

意味の通る文になるように並べかえなさい。

□3 (far, it, from, how, is, here) to Tokyo?

□4 (do, often, how, visit, you) Fukuoka?

□5 (season, like, which, you, do)?

下線部をたずねる疑問文にしなさい。

□6* This is Kenji's jacket.

＿＿＿＿ ＿＿＿＿ is this?

□7* Mr. Tanaka teaches them science.

＿＿＿＿ ＿＿＿＿ them science?

対話を完成しなさい。

□8* ＿＿＿＿ ＿＿＿＿ did you live in London?

— For three years.

□9* ＿＿＿＿ ＿＿＿＿ money do you have?

— I have five thousand yen.

3 How far is it from here

4 How often do you visit

5 Which season do you like?

解説 〈疑問詞＋名詞〉が文頭にくることもある。

6 Whose jacket

7 Who teaches

8 How long

9 How much

得点
アップ
UP ◎主語になる疑問詞

▶疑問詞が主語になるときは単数として扱う。

不定詞 ①

重要度
☆☆☆

問題 次の各問いに答えなさい。

解答

◉ 名詞的用法の不定詞の意味

日本語を完成しなさい。

□ 1 I want to swim in the sea.

私は海で[　　　　　　　]。

□ 2 To answer this question is easy.

[　　　　　　　　　　　　]簡単です。

1　泳ぎたい

2　この質問に答える
　　ことは

解説 主語になる不定詞は
動名詞に書きかえることが
できる。

◉ 不定詞の名詞的用法の使い方

（　）内から適切な語句を選びなさい。

□ 3* She likes to (goes, going, go) shopping.

□ 4* He wants (to studies, to study, studying)
English.

□ 5* To make cookies (are, is) easy for Keiko.

3　go

4　to study

5　is

日本語に合うように空所を補充しなさい。

□ 6 私の夢は宇宙飛行士になることです。

My dream is _____ _____ an astronaut.

□ 7 ピアノをひくことはとても楽しいです。

_____ _____ the piano is a lot of fun.

□ 8 彼らは動物園へ行くことを決めましたか。

Did they decide _____ _____ to the zoo?

6　to be〔become〕

7　To play

8　to go

同じ意味の文にしなさい。

□ 9* Her hobby is to take pictures.

= _____ _____ pictures is her hobby.

9　To take

得点
アップ
のP

◉不定詞が主語になるとき
▶ 主語になる不定詞は単数扱いをするので，be 動詞の文なら is か
was，一般動詞の現在の文なら，動詞に三単現の -s，-es がつく。

12 不定詞 ②

重要度
☆☆☆

問題 次の各問いに答えなさい。

解答

◉ 副詞的用法の不定詞の意味

日本語を完成しなさい。

□ 1* He went to the store to buy a dictionary.

彼(かれ)は辞書を[　　　　　　　　　]その店に行った。

1　買うために

□ 2* I was surprised to go into the room.

私は[　　　　　　　　　　　　　　]驚(おどろ)きました。

2　その部屋に入って

◉ 不定詞の副詞的用法の使い方

日本語に合うように空所を補充(ほじゅう)しなさい。

□ 3　私はその知らせを聞いてうれしかった。

I was happy ＿＿＿＿ ＿＿＿＿ the news.

3　to hear

□ 4　彼は音楽を勉強するために外国へ行った。

He went abroad ＿＿＿＿ ＿＿＿＿ music.

4　to study

解説 abroad「外国へ」

意味の通る文になるように並べかえなさい。

□ 5　(was, to, glad, she, see) her father.

5　She was glad to see

不定詞を使って2文を1文にしなさい。

□ 6　I went to the park. I ran there.

I went to the park ＿＿＿＿ ＿＿＿＿ there.

6　to run

□ 7　I'm happy. I received the e-mail.

I'm happy ＿＿＿＿ ＿＿＿＿ the e-mail.

7　to receive

対話を完成しなさい。

□ 8* Why did you come here?

— ＿＿＿＿ look for my key.

8　To

解説 Why の疑問文に対しても「～するために」と答えることができる。

得点
アップ
UP

◉「～して」の意味の不定詞

▶ 不定詞の副詞的用法は、「～するために」のほかに、「～して」の意味で、感情の原因や理由を表すことがある。

133

13 不定詞 ③

重要度
☆☆☆

問題 次の各問いに答えなさい。

解答

◉ 形容詞的用法の不定詞の意味

日本語を完成しなさい。

□ 1* I want something to drink
私は[　　　　　　　　　　]がほしい。

□ 2* It's time to go out.
[　　　　　　　　　　]時間ですよ。

◉ 不定詞の形容詞的用法の使い方

意味の通る文になるように並べかえなさい。

□ 3* (have, talk, we, to, nothing) about.

□ 4* (eat, to, something, me, hot, give).

不定詞を使って同じ意味の文にしなさい。

□ 5* I'm busy now.
＝I have many ＿＿＿ ＿＿＿ ＿＿＿ now.

□ 6 I want to sit on a chair.
＝I want a chair ＿＿＿ ＿＿＿ on.

◉ 不定詞の 3 用法

下線部と不定詞の用法が同じ文を選びなさい。

□ 7* You have a lot of books to read.

ア I want to read many books.

イ He went to the library to read books.

ウ She bought something to read.

1 何か飲む（ための）もの

2 出かける

3 We have nothing to talk

4 Give me something hot to eat.

5 things to do
解説「忙しい」→「することがたくさんある」

6 to sit

7 ウ

得点アップ ◉〈something＋形容詞＋不定詞〉の語順
▶ −thing を修飾する形容詞があるときは，−thing のあとに形容詞を置き，そのあとに不定詞を続ける。

14 動名詞

重要度
☆☆☆

問題 次の各問いに答えなさい。

解答

◎動名詞の形

動詞を適する形にかえなさい。

□ 1* I enjoyed ＿＿＿ books. （read）

□ 2* Stop ＿＿＿ in the library. （talk）

□ 3* Go out after ＿＿＿ the car. （wash）

1　reading

2　talking

3　washing

解説 前置詞のあとに動名詞を置くこともできる。

◎動名詞の使い方

日本語に合うように空所を補充しなさい。

□ 4　あなたは宿題をし終えましたか。

Did you ＿＿＿ ＿＿＿ your homework?

□ 5　彼の趣味はギターをひくことです。

His hobby is ＿＿＿ the guitar.

□ 6* 早起きは私にとってむずかしいです。

＿＿＿ up early ＿＿＿ difficult for me.

4　finish doing

5　playing

6　Getting, is

解説 主語になる動名詞は単数扱いをする。

日本語に合うように並べかえなさい。

□ 7　私はテレビで野球の試合を見るのが好きです。

I (baseball, watching, like) games on TV.

□ 8　英語を教えることは彼女の仕事です。

(English, is, teaching, her) job.

□ 9* 招待してくれてありがとう。

(inviting, you, thank, for) me.

7　like watching baseball

8　Teaching English is her

9　Thank you for inviting

同じ意味の文にしなさい。

□ 10* My mother cooks very well.

＝My mother is ＿＿＿ at ＿＿＿.

10　good, cooking

解説 be good at ～ing「～することが得意だ」

得点アップ UP

◎動名詞の文中での働き

▶動名詞は、①主語、②補語、③動詞の目的語、④前置詞の目的語、のいずれかになる。

135

15 不定詞と動名詞の使い分け

重要度
☆☆☆

問題 次の各問いに答えなさい。

解答

◉ 不定詞と動名詞

日本語に合う適切な語句を選びなさい。

□1 私はあの映画を見たいです。

I want (seeing, to see) that movie.

□2 彼は公園を歩いて楽しみました。

He enjoyed (walking, to walk) in the park.

1　to see

2　walking

◉ 動詞の目的語になる不定詞と動名詞

日本語に合うように空所を補充しなさい。

□3* あなたはその本を読み終えましたか。

Did you ＿＿＿＿ ＿＿＿＿ the book?

□4 アンは日本語を書くのが好きです。

Ann likes ＿＿＿＿ ＿＿＿＿ Japanese.

□5* 私はアメリカで勉強する決心をしました。

I decided ＿＿＿＿ ＿＿＿＿ in America.

同じ意味の文にしなさい。

□6 When did you start to clean the room?

＝When did you start ＿＿＿＿ the room?

3　finish reading

4　to write

5　to study

6　cleaning

◉ 動名詞だけが使われる場合

動詞を適する形にかえなさい。

□7* I'm looking forward to ＿＿＿＿ you again.

(see)

□8* This water is not good for ＿＿＿＿. (drink)

7　seeing

解説 ここでの to は，不定詞ではなく前置詞。

8　drinking

解説 前置詞の目的語になる場合は，動名詞を使う。

得点
アップ
UP

◉目的語になる不定詞と動名詞

▶ 不定詞だけを目的語にとる動詞…want, hope, plan, decide など

▶ 動名詞だけを目的語にとる動詞…enjoy, finish, stop など

136

16 第2文型の動詞

重要度
☆☆☆

問題 次の各問いに答えなさい。

解答

社会 / 理科 / 数学 / 英語 / 国語

●あとに形容詞が続く一般動詞

日本語に合うように一般動詞を補充しなさい。

□ 1* 彼は今日，忙しそうに見えます。

He _____ busy today.

1 looks

□ 2* 私はその知らせを聞いて悲しく感じました。

I _____ sad to hear the news.

2 felt

□ 3* その計画はおもしろそうに聞こえます。

That plan _____ interesting.

3 sounds

□ 4* このカレーはとてもからいです。

This curry _____ very hot.

4 tastes

解説 第2文型の動詞を be 動詞に変えても文法的に成り立つ。

●look と sound

（　）内から適切な語を選びなさい。

□ 5 You (see, look) tired.

5 look

□ 6 That idea (sounds, hears) difficult.

6 sounds

□ 7* That apple (looks, sounds) delicious.

7 looks

●あとに名詞がくるときの look と sound

日本語に合うように並べかえなさい。

□ 8* この消しゴムは石のように見えます。

(a stone, looks, this eraser, like).

8 This eraser looks like a stone.

□ 9* その話はおもしろそうに聞こえます。

(sounds, fun, the story, like).

9 The story sounds like fun.

得点
アップ
UP

◎第2文型

▶〈主語＋動詞＋補語〉の文型を第2文型という。

137

17 第4文型の動詞

重要度
☆☆☆

問題 次の各問いに答えなさい。

解答

● give や teach を使った文

日本語に合うように空所を補充しなさい。

□ 1* 父は私にペンを1本くれました。

My father gave ＿＿＿ ＿＿＿ ＿＿＿.

1　me a〔one〕pen

□ 2* オノ先生は私たちに数学を教えてくれます。

Mr. Ono teaches ＿＿＿ ＿＿＿.

2　us math

日本語を完成しなさい。

□ 3 Please show me your picture.

私に〔　　　　　　　　　　　　〕。

3　あなたの写真〔絵〕
　を見せてください

□ 4 Will you tell me his name?

私に〔　　　　　　　　　　　　〕。

4　彼の名前を教えて
　くれませんか

● to と for の使い分け

同じ意味の文にしなさい。

□ 5* I gave Mark some CDs.

＝I gave ＿＿＿ ＿＿＿ ＿＿＿ ＿＿＿.

5　some CDs to
　Mark

□ 6* I bought her a sweater.

＝I bought ＿＿＿ ＿＿＿ ＿＿＿ ＿＿＿.

6　a sweater for her

意味の通る文になるように並べかえなさい。

□ 7 (us, Yukari, made, a cake).

7　Yukari made us
　a cake.

□ 8 (me, Ken, to, sent, a present).

8　Ken sent a
　present to me.

得点
アップ
UP

◎第4文型

▶〈主語＋動詞＋目的語＋目的語〉の文型を第4文型という。

▶give や buy を使った文は，to や for を使って書きかえることができる。
　to を使う動詞は give, show, send, tell, teach など
　for を使う動詞は buy, make, cook, find など

18 比　較 ①

重要度
☆☆☆

問題 次の各問いに答えなさい。

解答

◉形容詞・副詞の比較級の形

比較級（ひかく）を答えなさい。

□ 1* big ＿＿＿＿　　□ 2* busy ＿＿＿＿

□ 3 fast ＿＿＿＿　　□ 4* famous ＿＿＿＿

◉比較級の文

日本語に合うように空所（ほじゅう）を補充しなさい。

□ 5* 日本では 8 月は 10 月よりも暑いです。

August is ＿＿＿＿ than October in Japan.

□ 6* ケンはユウジよりもずっと背が高いですか。

Is Ken ＿＿＿＿ ＿＿＿＿ than Yuji?

□ 7* この絵はあの絵よりも美しいです。

This picture is ＿＿＿＿ ＿＿＿＿ than that one.

意味の通る文になるように並べかえなさい。

□ 8 (younger, Kana, than, is) Rena.

□ 9 (is, popular, which, more, bag), the black
one or the red one?

◉比較級を使った書きかえ

同じ意味の文にしなさい。

□ 10* My hair is longer than yours.

＝Your hair is ＿＿＿＿ ＿＿＿＿ mine.

□ 11* You usually get up later than Ryo.

＝Ryo usually gets up ＿＿＿＿ ＿＿＿＿ you.

1 bigger
2 busier
3 faster
4 more famous

5 hotter

6 much taller
解説 比較級を強めるときは **much** を使う。
7 more beautiful

8 Kana is younger than
9 Which bag is more popular

10 shorter than
11 earlier than
解説 long ↔ short
late ↔ early

得点アップ（UP）

◎ more をつける語

▶ つづりの長い形容詞・副詞は，前に more をつけて比較級にする。

社会　理科　数学　英語　国語

19 比　較 ②

重要度
☆☆☆

問題 次の各問いに答えなさい。

解答

◉ 形容詞・副詞の最上級の形

最上級を答えなさい。

- □ 1* large ＿＿＿＿
- □ 2* happy ＿＿＿＿
- □ 3 quickly ＿＿＿＿
- □ 4* useful ＿＿＿＿

1　largest
2　happiest
3　most quickly
4　most useful

◉ 最上級の文

日本語に合うように空所を補充しなさい。

- □ 5 ジュンはクラスで最も速く走ります。

    Jun runs the ＿＿＿＿ ＿＿＿＿ his class.

- □ 6* この話はすべての中でいちばんおもしろい。

    This story is the ＿＿＿＿ ＿＿＿＿ of all.

- □ 7* これは私の町で最も古い寺の１つです。

    This is ＿＿＿＿ ＿＿＿＿ ＿＿＿＿ ＿＿＿＿

    temples in my town.

5　fastest in

6　most interesting

7　one of the oldest
解説 one of ～「～のうちの１つ」のあとには複数名詞がくる。

意味の通る文になるように並べかえなさい。

- □ 8 (the, this, pencil, shortest, is, of) all.
- □ 9 (in, gets, earliest, who, up, the) your family?
- □ 10 (fastest, runs, in, Haruka, her, the) class.

8　This pencil is the shortest of
9　Who gets up the earliest in
10　Haruka runs the fastest in her

◉ 最上級を使った書きかえ

最上級を使って同じ意味の１文にしなさい。

- □ 11* Tim is taller than Ken. Ken is taller than Sam.

    ＝Tim is ＿＿＿＿ ＿＿＿＿ ＿＿＿＿ the three.

11　the tallest of

得点アップUP

◎ in と of の使い分け

▶〈in＋範囲や場所を表す語句〉、〈of＋all や複数を表す語句〉。

140

20 比 較 ③

重要度
☆☆☆

問題 次の各問いに答えなさい。

解答

◉as ～ as ... の文

日本語に合うように空所を補充しなさい。

□ 1* この川はあの川と同じくらい深いです。

This river is ＿＿＿ deep ＿＿＿ that one.

1 as, as

□ 2* アメリカはカナダほど広くありません。

America is ＿＿＿ ＿＿＿ large ＿＿＿ Canada.

2 not as, as
解説 Canada is larger than America. と同じ意味。

同じ意味の文にしなさい。

□ 3* Your car is newer than mine.

＝My car is ＿＿＿ ＿＿＿ new as yours.

3 not as

□ 4 Hiro and Yuta are the same age.

＝Yuta is ＿＿＿ ＿＿＿ ＿＿＿ Hiro.

4 as old as

◉better, best の文

日本語に合うように空所を補充しなさい。

□ 5* 英語と数学ではどちらが好きですか。

＿＿＿ do you like ＿＿＿, English ＿＿＿ math?

5 Which, better, or

□ 6* あなたはクラスでいちばん上手に歌うことができます。

You can sing the ＿＿＿ ＿＿＿ our class.

6 best in
解説
well － better － best

□ 7 だんだんあたたかくなってきています。

It is getting ＿＿＿ and ＿＿＿.

7 warmer, warmer
解説 〈比較級＋and＋比較級〉で「だんだん～」の意味。

得点
アップ
UP

◎ not as ～ as ... の文
▶ not as ～ as ... は「…ほど～でない」の意味。「…と同じくらい～でない」とは訳さない。

社会 理科 数学 英語 国語

21 受け身

重要度
☆☆☆

問題 次の各問いに答えなさい。

解答

◉一般動詞の過去分詞

過去分詞を答えなさい。

☐ 1　invite _____　☐ 2　close _____

☐ 3* teach _____　☐ 4* read _____

☐ 5* find _____　☐ 6* know _____

◉受け身の文

日本語に合う適切な語を選びなさい。

☐ 7* この花は多くの人に愛されています。

This flower is (loves, loved, loving) by many people.

☐ 8* あの窓はだれかに壊されました。

That window was (break, broke, broken) by someone.

日本語に合うように空所を補充しなさい。

☐ 9　この自転車はナオキに使われていますか。

_____ this bike _____ by Naoki?

☐10　あれらの家は 2000 年に建てられました。

Those houses _____ _____ in 2000.

受け身の文にしなさい。

☐11* Eric speaks English in class.

English _____ _____ by Eric in class.

☐12* Yoko wrote this letter.

This letter _____ _____ by Yoko.

解答	
1	invited
2	closed
3	taught
4	read

解説 read の過去分詞の発音は[red]。

5　found
6　known
7　loved

8　broken
解説
break − broke − broken

9　Is, used

10　were built
解説 build − built − built

11　is spoken
12　was written
解説
speak − spoke − spoken
write − wrote − written

得点
アップ
UP

◎受け身の文の形

▶ 受け身の文「(〜に)〜される[された]」は、〈be 動詞＋過去分詞(+by 〜)〉で表す。

▶ 文の時制は、be 動詞で表す。

22 現在完了形

重要度
☆☆☆

問題 次の各問いに答えなさい。

解答

◉継続用法

（　）内から適切な語句を選びなさい。

☐ 1* I have (lived, living) in Kobe for ten years.

☐ 2 (When, How long) have you studied Japanese?

☐ 3* Mike has wanted it (for, since) a long time.

☐ 4* We have known each other (for, since) 2011.

1　lived

2　How long

3　for

4　since

解説 for のあとは期間を表す語句を，since のあとは過去を表す語句や文を書く。

◉経験用法

日本語に合うように空所を補充しなさい。

☐ 5* あなたは今までに将棋をしたことがありますか。

Have you ＿＿＿＿ played *shogi*?

☐ 6* 私は一度もその映画を見たことがありません。

I have ＿＿＿＿ seen the movie.

☐ 7* 私は1回富山に行ったことがあります。

I have ＿＿＿＿ ＿＿＿＿ Toyama ＿＿＿＿.

5　ever

6　never

7　been to, once

解説 have been to ～で「～に行ったことがある」の意味。have gone to ～は「～に行ってしまった」の意味になる。

◉完了用法

日本語に合う適切な語を選びなさい。

☐ 8 マイはちょうど宿題を終えたところです。

Mai has (already, just) finished her homework.

☐ 9* あなたはもう部屋を掃除してしまったのですか。

Have you cleaned your room (already, yet)?

8　just

9　yet

解説 already と just は肯定文で，yet は疑問文か否定文で使う。

得点
アップ
UP

◉現在完了形の用法
▶ 継続用法では for，since，How long，経験用法では ever，never，have been to など，完了用法では already，just，yet がよく使われる。

社会
理科
数学
英語
国語

143

1 漢字の読み ①

重要度
☆☆☆

問題 次の太字の漢字の読みをひらがなで答えなさい。

□ 1 **威厳**を保つ。　　　（　いげん　）
□ 2 言動を**後悔**する。　（　こうかい　）
□ 3 立派な**生涯**。　　　（しょうがい）
□ 4* **柔和**な表情。　　　（にゅうわ）
□ 5 医師の**診察**。　　　（しんさつ）
□ 6 **被害**を防ぐ。　　　（　ひがい　）
□ 7 **舞台**に立つ。　　　（　ぶたい　）
□ 8 **封**をする。　　　　（　ふう　）
□ 9 言論の**抑圧**。　　　（よくあつ）
□ 10 **歓声**があがる。　　（かんせい）
□ 11 **空虚**な気分。　　　（くうきょ）

□ 12 **脳裏**に浮かぶ。　　（　のうり　）
□ 13 父が**激怒**する。　　（　げきど　）
□ 14 馬の**胴体**。　　　　（どうたい）
□ 15 **突然**の雨。　　　　（とつぜん）
□ 16 **粘土**をこねる。　　（　ねんど　）
□ 17* **拍手**をする。　　　（はくしゅ）
□ 18 荷物の**運搬**。　　　（うんぱん）
□ 19 **名誉**ある賞。　　　（　めいよ　）
□ 20 **審査**を通る。　　　（　しんさ　）
□ 21 **冗談**を言う。　　　（じょうだん）
□ 22 **巨大**な岩。　　　　（きょだい）

問題 次の太字の漢字の読みをひらがなで答えなさい。

□ 1 貴重品を**扱**う。　　（　あつか　）
□ 2 機械が**壊**れる。　　（　こわ　）
□ 3 **幾**つかの問題。　　（　いく　）
□ 4 **既**に始まった。　　（　すで　）
□ 5 **蛍**が飛ぶ。　　　　（ほたる）
□ 6 **肩**を組む。　　　　（　かた　）
□ 7* 橋が**架**かる。　　　（　か　）
□ 8 屋根の**瓦**。　　　　（かわら）
□ 9 **汗**をかく。　　　　（　あせ　）
□ 10 すてきな**器**。　　　（うつわ）
□ 11 音が**響**く。　　　　（　ひび　）

□ 12 庭の**芝**。　　　　　（　しば　）
□ 13 露で草が**湿**る。　　（　しめ　）
□ 14 **蒸**した料理。　　　（　む　）
□ 15 ねじを**締**める。　　（　し　）
□ 16 犬が**逃**げる。　　　（　に　）
□ 17 とても**怖**い。　　　（　こわ　）
□ 18 陽気に**踊**る。　　　（　おど　）
□ 19 **奥**の部屋。　　　　（　おく　）
□ 20 道具が**調**う。　　　（　ととの　）
□ 21 神社に**詣**でる。　　（　もう　）
□ 22 無実を**叫**ぶ。　　　（　さけ　）

得点
アップ
UP

◎送りがなを間違えやすい漢字
▶ ○必ず－×必らず，　○全く－×全たく，　　○逆らう－×逆う，
○承る－×承わる，　○新しい－×新らしい，　○著しい－×著るしい

2 漢字の読み ②

重要度
☆ ☆ ☆

問題 次の太字の漢字の読みをひらがなで答えなさい。

□ 1 **欧州**に行く。　　　　　（おうしゅう）
□ 2 **均衡**を保つ。　　　　　（きんこう）
□ 3 金属の**摩擦**。　　　　　（まさつ）
□ 4 味方の**陣地**。　　　　　（じんち）
□ 5 **一斉**に動く。　　　　　（いっせい）
□ 6 健康を**維持**する。　　　（いじ）
□ 7 記念の**石碑**。　　　　　（せきひ）
□ 8 細かい**粒子**。　　　　　（りゅうし）
□ 9 **稽古**をする。　　　　　（けいこ）
□10 **謙遜**する。　　　　　　（けんそん）
□11 両者の**比較**。　　　　　（ひかく）

□12 **瞬間**の出来事。　　　　（しゅんかん）
□13 **連絡**がつく。　　　　　（れんらく）
□14 高価な**衣装**。　　　　　（いしょう）
□15 会議が**終了**する。　　　（しゅうりょう）
□16 **頑固**な人。　　　　　　（がんこ）
□17 人権を**擁護**する。　　　（ようご）
□18 **風鈴**の音。　　　　　　（ふうりん）
□19 **腕力**がつく。　　　　　（わんりょく）
□20 机の上を**整頓**する。　　（せいとん）
□21 **起伏**がある。　　　　　（きふく）
□22 急いで**避難**する。　　　（ひなん）

問題 次の太字の漢字の読みをひらがなで答えなさい。

□ 1 **偉**い人と話す。　　　　（えら）
□ 2 じっと**堪**える。　　　　（た）
□ 3 **硬**い鉄。　　　　　　　（かた）
□ 4 親に**叱**られる。　　　　（しか）
□ 5 網の目が**粗**い。　　　　（あら）
□ 6 シールを**貼**る。　　　　（は）
□ 7 草が**茂**る。　　　　　　（しげ）
□ 8 **爽**やかな人柄。　　　　（さわ）
□ 9 **痩**せた犬。　　　　　　（や）
□10 **朗**らかな人。　　　　　（ほが）
□11 気を**紛**らす。　　　　　（まぎ）

□12 道で**滑**る。　　　　　　（すべ）
□13 **賢**く立ち回る。　　　　（かしこ）
□14 ひどく**慌**てる。　　　　（あわ）
□15 言葉を**尽**くす。　　　　（つ）
□16 別れを**惜**しむ。　　　　（お）
□17 退路を**断**つ。　　　　　（た）
□18 気に**病**む。　　　　　　（や）
□19 恩に**報**いる。　　　　　（むく）
□20 夢が**膨**らむ。　　　　　（ふく）
□21 とても**眠**い。　　　　　（ねむ）
□22 友を**励**ます。　　　　　（はげ）

得点
アップ
UP

◎送りがなが変わると読み方の変わる漢字
▶ 通(かよ)う―通(とお)る，　負(ま)ける―負(お)う，　逃(に)げる―逃(の)がす，
　治(おさ)める―治(なお)す，　省(かえり)みる―省(はぶ)く

3 漢字の書き ①

重要度
☆☆☆

問題 次の太字のかたかなを漢字に直しなさい。

□ 1 **ゴウカ**な式典。 （ 豪華 ）
□ 2 部員の**カンユウ**。 （ 勧誘 ）
□ 3 **ロウキュウ**化する。（ 老朽 ）
□ 4* **キンチョウ**が緩む。（ 緊張 ）
□ 5 **ゲンソウ**を抱く。 （ 幻想 ）
□ 6 **セイケツ**に保つ。 （ 清潔 ）
□ 7 薬の**コウカ**。 （ 効果 ）
□ 8 都市の**キンコウ**。 （ 近郊 ）
□ 9 **アクシュ**をする。 （ 握手 ）
□ 10 作品の**ホンヤク**。 （ 翻訳 ）
□ 11 雪の**ケッショウ**。 （ 結晶 ）

□ 12 **ヨイン**にひたる。 （ 余韻 ）
□ 13 正しい**ニンシキ**。 （ 認識 ）
□ 14 意見を**ヒテイ**する。（ 否定 ）
□ 15 穀物の**シュウカク**。（ 収穫 ）
□ 16 **バクマツ**の歴史。 （ 幕末 ）
□ 17 **ウチュウ**を旅する。（ 宇宙 ）
□ 18 本の参考**ブンケン**。（ 文献 ）
□ 19* **ソボク**な考え。 （ 素朴 ）
□ 20 **ヒボン**な才能。 （ 非凡 ）
□ 21 学校への**キョリ**。 （ 距離 ）
□ 22 部品の**コウカン**。 （ 交換 ）

問題 次の太字のかたかなを漢字に直しなさい。

□ 1 **サクラ**の花。 （ 桜 ）
□ 2 **ワレ**を忘れる。 （ 我 ）
□ 3 **ヒマ**な時間。 （ 暇 ）
□ 4 **ココロヨ**い風。 （ 快 ）
□ 5 **ヒタイ**の汗。 （ 額 ）
□ 6 草を**カ**る。 （ 刈 ）
□ 7 申し出を**コバ**む。 （ 拒 ）
□ 8 **オダ**やかな日常。 （ 穏 ）
□ 9 話術が**タク**みだ。 （ 巧 ）
□ 10 **ヌマ**に潜む魚。 （ 沼 ）
□ 11 **シブ**い味。 （ 渋 ）

□ 12 人形を**アヤツ**る。 （ 操 ）
□ 13 **セマ**い室内。 （ 狭 ）
□ 14 **クマ**がほえる。 （ 熊 ）
□ 15 目的を**ト**げる。 （ 遂 ）
□ 16 **キラ**いな食物。 （ 嫌 ）
□ 17 **オロ**かな発言。 （ 愚 ）
□ 18 料理に**コ**る。 （ 凝 ）
□ 19* 海を**ノゾ**む家。 （ 臨 ）
□ 20 耳を**カタム**ける。 （ 傾 ）
□ 21 木が**カ**れる。 （ 枯 ）
□ 22 鉛筆を**ケズ**る。 （ 削 ）

得点
アップ
UP

◎書き間違えやすい熟語
▶ ○有頂天－×有頂点，○間一髪－×間一発，○最高潮－×最高調，
　○破天荒－×破天候，○門外漢－×問外漢，○善後策－×前後策

4 漢字の書き ②

重要度
☆☆☆

問題 次の太字のかたかなを漢字に直しなさい。

□ 1 *アイマイな返事。　（　曖昧　）
□ 2 伝言をイライする。　（　依頼　）
□ 3 チイキの住民。　（　地域　）
□ 4 商品のチンレツ。　（　陳列　）
□ 5 海外にタイザイする。（　滞在　）
□ 6 空気のテイコウ。　（　抵抗　）
□ 7 シンシ服を着る。　（　紳士　）
□ 8 ヘキガを見る。　（　壁画　）
□ 9 田舎にフニンする。（　赴任　）
□10 ホウコウが漂う。　（　芳香　）
□11 ボウシを取る。　（　帽子　）

□12 ダキョウする。　（　妥協　）
□13 ロボウの人。　（　路傍　）
□14 チツジョを保つ。　（　秩序　）
□15 山のシャメン。　（　斜面　）
□16 センレンされた姿。（　洗練　）
□17 *コンワクした表情。（　困惑　）
□18 キョクタンな考え。（　極端　）
□19 意見をハンエイする。（　反映　）
□20 栄養のケツボウ。　（　欠乏　）
□21 進行のボウガイ。　（　妨害　）
□22 シショウをきたす。（　支障　）

問題 次の太字のかたかなを漢字に直しなさい。

□ 1 目のフチ。　（　縁　）
□ 2 服のソデ。　（　袖　）
□ 3 *森にカクす。　（　隠　）
□ 4 夜は早めにネる。　（　寝　）
□ 5 席をユズる。　（　譲　）
□ 6 風で葉がユれる。　（　揺　）
□ 7 学問をオサめる。　（　修　）
□ 8 タナの上。　（　棚　）
□ 9 機会をイッする。　（　逸　）
□10 自由をウバう。　（　奪　）
□11 球がハズむ。　（　弾　）

□12 クワしい説明。　（　詳　）
□13 靴をミガく。　（　磨　）
□14 岩がクダける。　（　砕　）
□15 力をタクワえる。　（　蓄　）
□16 魚がコげる。　（　焦　）
□17 道をタズねる。　（　尋　）
□18 *本に記事がノる。　（　載　）
□19 耳をスます。　（　澄　）
□20 室内をカザる。　（　飾　）
□21 心身をキタえる。　（　鍛　）
□22 柵でヘダてる。　（　隔　）

得点
アップ
UP

◎形の似ている漢字

▶紹一招，根一恨，循一盾，栽一裁，蔵一臓，除一検一剣一験，
粉一紛，構一講，適一敵，倍一陪一培，版一販一板一坂一飯一阪

5 熟語の構成

重要度
☆ ☆ ☆

問題 次の熟語の構成をあとからそれぞれ選んで，記号で答えなさい。

□ 1 言語　　□ 2 寒暑　　□ 3 品質
□ 4 点火　　□ 5 人造　　□ 6 年々
□ 7 風化　　□ 8 無欲　　□ 9 農協

ア 前が主語，後が述語になっているもの。
イ 前が後を修飾しているもの。
ウ 同じような意味の字を重ねたもの。
エ 反対・対応する意味の字を重ねたもの。
オ 前が動詞で，後がその目的語のもの。
カ 打ち消しの接頭語がついたもの。
キ 接尾語がついたもの。
ク 同じ漢字を繰り返したもの。
ケ 長い熟語を略したもの。

問題 次の熟語と同じ構成の熟語をあとからそれぞれ選んで，記号で答えなさい。

□ 10 永久　　□ 11 往復　　□ 12 再会
□ 13 県立　　□ 14 詩的　　□ 15 延期

ア 出題　　イ 発着　　ウ 必然
エ 禁止　　オ 地震　　カ 暗示

問題 次の漢字の前につく，打ち消しの働きの漢字をあとからそれぞれ選んで，記号で答えなさい。

□ 16 熟　　□ 17 番　　□ 18 潔　　□ 19 害

ア 不　イ 無　ウ 非　エ 未

解答

1 ウ

2 エ

3 イ
解説 「品物の質」という構成。

4 オ
解説 「火を点す・点ける」という構成。

5 ア

6 ク

7 キ
解説 「化」は接尾語の働きをしている。

8 カ

9 ケ
解説 「農業協同組合」の略。

10 エ　　11 イ

12 カ　　13 オ

14 ウ　　15 ア

16 エ

17 ウ
解説 「非番」は，当番ではないこと。

18 ア

19 イ

得点
アップ
UP
◎熟語の構成でよく出る熟語
▶（同じような意味）豊富，身体，絵画，道路，尊敬，勤務，満足
▶（反対・対応する意味）苦楽，取捨，集散，貸借，主従，東西，勝敗

6 同訓異字

重要度
☆☆☆

問題 次の文の──線部のかたかなにあてはまる漢字をそれぞれ選んで，記号で答えなさい。

□ 1* <u>アタタ</u>かいお茶を飲む。

　　ア 暖　　イ 温

□ 2* 漢字の書き方を<u>アヤマ</u>る。

　　ア 謝　　イ 誤

□ 3 飼い犬が姿を<u>アラワ</u>す。

　　ア 現　　イ 著　　ウ 表

問題 次の文の──線部のかたかなを漢字に直しなさい。

□ 4 ① みんなの前でピアノを<u>ヒ</u>く。

　　② 長いひもを<u>ヒ</u>く。

□ 5 ① 絵の具を水で<u>ト</u>く。

　　② 人としての道を<u>ト</u>く。

□ 6* ① 公園の<u>マワ</u>りを散歩する。

　　② ちょっとだけ<u>マワ</u>り道をした。

□ 7* ① 子どもの身長が<u>ノ</u>びる。

　　② 開会の時刻が<u>ノ</u>びる。

□ 8 ① 鏡に姿を<u>ウツ</u>す。

　　② 教科書をノートに<u>ウツ</u>す。

　　③ 住所を郊外（こうがい）に<u>ウツ</u>す。

□ 9* ① 駅で知人に<u>ア</u>う。

　　② 計算の答えが<u>ア</u>う。

　　③ 交通事故に<u>ア</u>う。

解答

社会

理科

数学

英語

国語

1 イ

2 イ

3 ア

4 ①弾
　②引

5 ①溶
　②説

解説 ②「説く」は道理を話して理解させること。

6 ①周
　②回

解説 ①「周り」は，そのものに近い所。

7 ①伸
　②延

8 ①映
　②写
　③移

9 ①会
　②合
　③遭

解説 ③「遭う」は，好ましくない出来事に出くわす意味で使うことが多い。

得点
アップ

◎よく出る同訓異字

▶ ウツ（打つ・討つ・撃つ），ノボる（昇る・登る・上る），ツく（付く・就く・着く），オす（押す・推す），かえる（変える・換える・替える・代える）

149

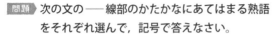

1 同音異義語

重要度
☆☆☆

問題 次の文の──線部のかたかなにあてはまる熟語
をそれぞれ選んで，記号で答えなさい。

□ 1* 病気が<u>カイホウ</u>に向かう。

　　ア 介抱　　イ 解放　　ウ 快方

□ 2 水が家の中に<u>シンニュウ</u>した。

　　ア 侵入　　イ 浸入　　ウ 新入

□ 3* <u>コウセイ</u>な取り引きを行う。

　　ア 公正　　イ 厚生　　ウ 後世

問題 次の文の──線部のかたかなを漢字に直しなさ
い。

□ 4 ① 意味<u>シンチョウ</u>な言葉に耳を傾ける。

　　② 洋服を<u>シンチョウ</u>する。

□ 5* ① 出発の<u>ヨウイ</u>をする。

　　② この問題は<u>ヨウイ</u>には解決しない。

□ 6* ① 先生にさとされて<u>カイシン</u>する。

　　② この作品は<u>カイシン</u>のできばえだ。

□ 7* ① 友人を家族に<u>ショウカイ</u>する。

　　② 在庫があるかどうかを<u>ショウカイ</u>する。

□ 8* ① <u>キカイ</u>体操の選手。

　　② 絶好の<u>キカイ</u>が訪れた。

　　③ 精密<u>キカイ</u>を操作する。

□ 9* ① 大劇場で<u>コウエン</u>を見る。

　　② 有名な作家の<u>コウエン</u>を聞く。

　　③ 友達と<u>コウエン</u>でサッカーをする。

解答

1　ウ
解説 「快方」は病気やけ
ががよくなっていくこと。

2　イ

3　ア

4　①深　長
　　②新　調
解説 ②「新調」は衣服な
どを新しくつくること。

5　①用　意
　　②容　易
解説 ②「容易」は簡単に
できること。

6　①改　心
　　②会　心

7　①紹　介
　　②照　会

8　①器　械
　　②機　会
　　③機　械

9　①公　演
　　②講　演
　　③公　園

得点
アップ
UP

◎よく出る同音異義語

▶コウカン（交換・好感・高官・交歓・好漢），

　キセイ（規制・既製・既成・帰省・寄生・気勢・奇声）

150

8 類義語・対義語・多義語

重要度
☆☆☆

問題 次の熟語の類義語をあとからそれぞれ選んで、記号で答えなさい。

□1* 手段　　□2 準備　　□3 自然
□4 消息　　□5* 決心　　□6* 進歩

　ア 用意　　イ 音信　　ウ 向上
　エ 天然　　オ 覚悟（かくご）　カ 方法

問題 次の熟語の対義語をあとからそれぞれ選んで、記号で答えなさい。

□7 延長　　□8* 理性　　□9* 能動
□10* 生産　　□11 解散　　□12* 総合

　ア 消費　　イ 分析（ぶんせき）　ウ 短縮
　エ 感情　　オ 集合　　カ 受動

問題 次の文の――線部の意味と同じ意味で使われているものをそれぞれ選んで、記号で答えなさい。

□13* その手があったか。

　ア 手のかかる妹がいる。
　イ 富士山（ふじさん）が左手に見える。
　ウ 汚い（きたない）手を使うな。

□14 明るい未来が待っている。

　ア 明るい生徒会選挙を行う。
　イ 見通しが明るい。
　ウ 彼（かれ）は文学に明るい。

解答

1　カ

2　ア

3　エ

4　イ

解説 「消息」は、手紙などで状況や用件などを伝えること。またその手紙。

5　オ

6　ウ

7　ウ

8　エ

9　カ

解説 「能動」は、自分から他に働きかけること。

10　ア

11　オ

12　イ

13　ウ

解説 例文の「手」は、物事を行う方法、という意味。

14　イ

解説 例文の「明るい」は、将来などに希望が持てる状態のこと。

得点アップ（UP）

◎覚えておきたい熟語

▶ 対義語　理想↔現実、興奮↔冷静、親切↔冷淡、許可↔禁止

▶ 類義語　屈指（くっし）＝有数、区画＝境界、互角（ごかく）＝対等、円満＝穏便（おんびん）

社会　理科　数学　英語　国語

9 敬　語

重要度
☆☆☆

問題 次の言葉を，あとの指示の敬語になるように，
それぞれ書き直しなさい。

解答

□ 1　読む（「お（ご）〜になる」の形の尊敬語）
□ 2　支払う（「お（ご）〜する」の形の謙譲語）
□ 3　行く（「れる・られる」の形の尊敬語）
□ 4　手伝う（「です・ます」の形の丁寧語）
□ 5　朝飯（「お・ご」をつけた丁寧語）

1　お読みになる

2　お支払いする

3　行かれる

4　手伝います

5　朝ご飯

解説「お・ご」をつけて
丁寧な言葉遣いにすること
を「美化語」ともいい，丁
寧語と分けることもある。

問題 次の文の──線部の言葉をあとの指示に従って，
それぞれひらがなで書き直しなさい。

□ 6＊先生が<u>言う</u>ことはもっともだ。（5字で）
□ 7＊私が今からそちらに<u>行き</u>ます。（3字で）
□ 8＊先生から土産を<u>もらう</u>。（4字で）
□ 9　お客様が地図を<u>見る</u>。（6字で）
□10　私が代わりにお話を<u>聞く</u>。（4字で）

6　おっしゃる

解説 謙譲語は「もうす」。

7　まいり

8　いただく

9　ごらんになる

解説 謙譲語は「拝見する」。

問題 次の文の──線部の敬語の使い方が正しければ
○を，間違っていれば正しい敬語の表現に書き
直しなさい。

□11＊父が昼食を<u>召し上がる</u>。
□12　ご飯とパン，どちらに<u>なさい</u>ますか。
□13　お客様を会場に<u>ご案内し</u>ます。
□14＊先生が教室で<u>お待ちして</u>います。
□15＊お客様にお茶を<u>差し上げる</u>。
□16　父は家に<u>おられ</u>ます。

10　うかがう

11　いただく

12　○

13　○

14　お待ちになって

15　○

16　おります

解説 11・16のように，
身内に尊敬語は使わない。

得点
アップ
UP

◎尊敬語と謙譲語の違いをおさえよう
▶尊敬語…動作主を直接高める（動作をするのは敬意を払う対象）
▶謙譲語…相手を間接的に高める（動作をするのは自分や自分の身内）

10 名　詞

重要度
☆☆☆

問題 次の文から名詞をすべて抜き出しなさい。

□ 1　この空の様子では，今夜は雨が降るだろう。

問題 次の文の ―― 線部の名詞の種類をあとからそれぞれ選んで，記号で答えなさい。

□ 2　待ち合わせの時刻になる。

□ 3　こちらは有名な作品です。

□ 4　テストまであと3日だ。

□ 5　富士山は日本を代表する山だ。

□ 6*　太陽がまぶしい季節だ。

□ 7*　誰を呼べばいいですか。

□ 8　祖父は毎朝1時間歩いている。

　　ア　普通名詞　　イ　固有名詞
　　ウ　数詞　　　　エ　代名詞

問題 次のそれぞれの文から形式名詞を抜き出しなさい。

□ 9　聞くところによるとテストがあるそうだ。

□10　この景色は見たことがあるようだ。

問題 次のそれぞれの文から転成名詞を抜き出しなさい。

□11　学校からの帰りに書店に立ち寄る。

□12　この場所からは遠くがよく見える。

問題 次の文から独立語になっている名詞を抜き出しなさい。

□13　桜，それは日本を代表する花だ。

解答

1　空・様子・今夜・
　雨
解説　「この」は連体詞。

2　ア

3　エ

4　ウ

5　イ

6　ア

7　エ

8　ウ

9　ところ
解説　形式名詞は，もとの意味が薄れて形式的に用いられる名詞。

10　こと

11　帰り
解説　「帰り」は動詞「帰る」からの転成名詞。

12　遠く
解説　「遠く」は形容詞「遠い」からの転成名詞。

13　桜
解説　「桜」は提示の意味の独立語。

得点
アップ
UP

◎名詞・代名詞で注意すること
▶「語り（動詞）手（名詞）」のような複合名詞も多い。
▶代名詞には指示代名詞（「それ」など）と人称代名詞（「ぼく」など）がある。

（社会）（理科）（数学）（英語）（国語）

11 副詞・連体詞

問題 次の文から副詞を抜き出しなさい。

□ 1 隣の家の子犬はとてもかわいい。

□ 2 風がそよそよと吹いている。

□ 3* ずいぶん昔の話を聞く。

問題 次の文の□□□にあてはまる副詞をあとからそれぞれ選んで，記号で答えなさい。

□ 4* 彼は□□□うそをつかないから信頼できる。

□ 5 明日は□□□雨が降るだろう。

□ 6* □□□つらくても，最後までやり遂げよう。

□ 7 この扉は□□□岩のようだ。

　　ア たとえ　　イ 決して
　　ウ 恐らく　　エ まるで

問題 次の文から連体詞を抜き出しなさい。

□ 8 彼女はいわゆる秀才だ。

□ 9 どの服を着ようか迷う。

□10 彼の行動はたいしたものだ。

問題 次の文の──線部が連体詞であるほうをそれぞれ選んで，記号で答えなさい。

□11* ア 家の庭に大きい梅の木を植える。
　　　イ 家の庭に大きな梅の木を植える。

□12* ア 昨日，ある事件が解決した。
　　　イ 昨日，解決した事件がある。

解答

1 **とても**

解説 副詞は，「状態の副詞」「程度の副詞」「呼応(陳述)の副詞」に分けられる。

2 **そよそよと**

3 **ずいぶん**

解説 副詞は主に，用言や他の副詞を修飾する。程度の副詞は体言を含んだ文節を修飾することもある。

4 **イ**

5 **ウ**

6 **ア**

7 **エ**

解説 4～7のような呼応の副詞は，あとに必ず決まった言い方がくる。

8 **いわゆる**

9 **どの**

10 **たいした**

11 **イ**

解説 「大きい」は形容詞。

12 **ア**

解説 イの「ある」は動詞。

得点
アップ
UP

◎品詞を間違えやすい副詞・連体詞

▶ こう (○副詞　×代名詞)，ただちに (○副詞　×形容動詞)

▶ この (○連体詞　×代名詞)，小さな・おかしな (○連体詞　×形容詞)

12 動　詞

問題 次の動詞の活用の種類をあとからそれぞれ選んで，記号で答えなさい。

□1 読む　　□2 来る　　□3 する

□4 見る　　□5 集める

　　ア 五段活用　　　イ 上一段活用

　　ウ 下一段活用　　エ カ行変格活用

　　オ サ行変格活用

問題 次の文の──線部の動詞の活用形をあとからそれぞれ選んで，記号で答えなさい。

□6 友人に本を貸した。

□7 もっと早く起きればよかった。

□8 テストを受けるときは落ち着こう。

□9 字をもっときれいに書け。

　　ア 未然形　　イ 連用形　　ウ 終止形

　　エ 連体形　　オ 仮定形　　カ 命令形

問題 次の文の──線部の動詞の音便をあとからそれぞれ選んで，記号で答えなさい。

□10 赤ちゃんが大声で泣いた。

□11 鳥が空を飛んでいる。

□12 川の水が濁っている。

　　ア イ音便　　イ 促音便　　ウ 撥音便

問題 次の文から補助動詞を抜き出しなさい。

□13* 何度も失敗したが，もう一度試してみる。

解答

1 ア

2 エ

解説 カ行変格活用は「来る」だけ。

3 オ

解説 サ行変格活用は「する」のほかに「運動する」などのように複合動詞がある。

4 イ

5 ウ

6 イ

解説 「た」に連なるので連用形。

7 オ

解説 「ば」に連なるので仮定形。

8 エ

解説 「とき」に連なるので連体形。

9 カ

10 ア

11 ウ

12 イ

13 み（る）

得点
アップ
UP

◎動詞の活用の種類

▶「ない」をつけてみて「書かない」のようにア段の音につけば五段活用，イ段の音につけば上一段活用，工段の音につけば下一段活用。

13 形容詞・形容動詞

問題 次の文の——線部の形容詞あるいは形容動詞の活用形をあとからそれぞれ選んで，記号で答えなさい。

□ 1 植物園の花は<u>美し</u>かった。

□ 2 <u>おもしろい</u>映画を見たい。

□ 3 きっと彼は<u>元気</u>だろう。

□ 4 もっと<u>静か</u>ならいいのに。

　　ア 未然形　　イ 連用形　　ウ 終止形
　　エ 連体形　　オ 仮定形

問題 次の文から形容詞を抜き出しなさい。

□ 5 幼いのに感心な子だ。

□ 6 午後になって寒くなってきた。

問題 次の文から形容動詞を抜き出しなさい。

□ 7 今日はとても穏やかな一日だった。

□ 8 斜面は，おそらくなだらかだろう。

問題 次の文の□□に形容詞「楽しい」を活用させて入れなさい。

□ 9* 縁日はさぞ□□□う。

□10 だんだん□□□なってきた。

問題 次の文の□□に形容動詞「じょうぶだ」を活用させて入れなさい。

□11 ぼくは，そんなに□□□はない。

□12 □□□なれば，マラソンに出られる。

解答

1 イ
解説 形容詞「美しい」が活用している。

2 エ
解説 体言（名詞）の「映画」を修飾するので連体形。

3 ア
解説 形容動詞「元気だ」が活用している。

4 オ

5 幼 い

6 寒 く

7 穏やかな
解説 「穏やかだ」の連体形。

8 なだらかだろ
解説 「なだらかだ」の未然形。

9 楽しかろ
解説 「う」に連なっているから未然形にする。

10 楽しく

11 じょうぶで

12 じょうぶに
解説 「なる」という用言に連なるので連用形。

得点
アップ
UP

◎形容詞・形容動詞の特徴

▶形容詞は「い」で言い切れる。形容動詞は「だ」で言い切れる。

▶「ぬ」に置き換えられない「ない」は形容詞。

14 助 動 詞

重要度
☆☆☆

問題 次の文から助動詞をすべて抜き出しなさい。

□ 1* 彼は言わないが，明日出発するらしいです。

□ 2 明日こそ一緒に行こうと誘いたい。

□ 3 よく考えられた話だと感心する。

問題 次の文の――線部の助動詞の意味をあとからそれぞれ選んで，記号で答えなさい。

□ 4* 息子に部屋を掃除させる。

□ 5 やっと宿題が終わった。

□ 6 大勢の人が参加したがるイベントを開く。

□ 7* もうこれ以上私からは何も言うまい。

□ 8* 今日は暑くなりそうだ。

□ 9 まるで風のように走る。

　　ア 完了　　イ 比喩　　ウ 否定の意志
　　エ 使役　　オ 様態　　カ 希望

問題 次の文の――線部と同じ意味・用法のものをあとから選んで，記号で答えなさい。

□ 10* ようやく扉が開かれる。

　　ア この高さの山なら私でも登れる。

　　イ 先生が黒板に明日の時間割を書かれる。

　　ウ 幼い頃の出来事がしのばれる。

　　エ 友達に遠くから名前を呼ばれる。

解答

1 ない・らしい・です

2 う・たい

3 られ・た・だ

4 エ

5 ア

解説 他に，過去・存続・想起の意味がある。

6 カ

7 ウ

解説 他に，「雨は降るまい」などの否定の推量の意味がある。

8 オ

解説 他に，「雨が降るそうだ」などの伝聞の意味がある。

9 イ

解説 他に，推定や例示などの意味がある。

10 エ

解説 アは可能動詞の一部，例文とイ〜エは助動詞で，イは尊敬，ウは自発，例文とエは受け身。

得点アップ

◎意味・用法を間違えやすい助動詞

▶「ない」の識別→①助動詞（「ぬ」に置き換えられる），②形容詞（存在しないという意味），③補助形容詞（直前に「は」を入れられる）

社会
理科
数学
英語
国語

15 助 詞

問題 次の文の——線部の助詞の種類をあとからそれ
ぞれ選んで，記号で答えなさい。

□ 1 姉と遊ぶ。　　　　□ 2 寒いので暖を取る。

□ 3 いい天気だなあ。　□ 4 彼こそ英雄だ。

　　ア 格助詞　イ 接続助詞　ウ 副助詞　エ 終助詞

問題 次の文の——線部の助詞の意味をあとからそれ
ぞれ選んで，記号で答えなさい。

□ 5 父の言ったことを思い出す。（格助詞）
　　　ア 並立　　イ 主語　　ウ 体言の代用

□ 6 明日プールへ泳ぎに行こう。（格助詞）
　　　ア 目的　　イ 対象　　ウ 場所

□ 7 会社へ電車で通勤している。（格助詞）
　　　ア 原因　　イ 場所　　ウ 手段

□ 8 読み終えるのに一週間もかかった。（副助詞）
　　　ア 強意　　イ 並立　　ウ 類推

□ 9 寒かったが，雪は降らなかった。（接続助詞）
　　　ア 確定の順接　イ 単純接続　ウ 確定の逆接

□10 ここに置いてある荷物は誰のか。（終助詞）
　　　ア 勧誘　　イ 疑問　　ウ 反語

□11 気に入ってもらえるとうれしい。（接続助詞）
　　　ア 仮定の順接　イ 仮定の逆接　ウ 確定の順接

□12 予定通りにさえ実行できればよい。（副助詞）
　　　ア 類推　　イ 最低限度　　ウ 添加

解答

1 ア

解説 格助詞は主に体言に
つく。「と」は相手・変化
の結果・引用・並立といっ
た意味をもつ。

2 イ

3 エ

4 ウ

解説 副助詞は文に意味を
添える。

5 イ

解説 「が」に置き換えら
れるので，主語を示すと判
断できる。

6 ア

7 ウ

8 ア

9 ウ

10 イ

11 ア

12 イ

◎まぎらわしい語を区別しよう
　▶「で」→格助詞・接続助詞・形容動詞の一部・助動詞
　▶「が」→格助詞・接続助詞・接続詞

得点
アップ
UP

16 短歌・俳句 ①

重要度
☆☆☆

問題 次の中から □1 短歌と □2 俳句の形式をそれぞれ選んで，記号で答えなさい。

ア 五七五　　　イ 五七五七

ウ 五七五七七　エ 七五五七七

問題 短歌の中で，意味や調子の区切れるところを何と言うか。次から選んで，記号で答えなさい。

□3 ア 反歌　　　イ 長歌
　　 ウ 句切れ　　エ 破調

問題 短歌で言葉の順序を入れかえる表現技法を何と言うか。次から選んで，記号で答えなさい。

□4 ア 体言止め　イ 倒置
　　 ウ 対句　　　エ 擬人法

問題 次の枕詞がつく語をあとからそれぞれ選んで，記号で答えなさい。

□5 たらちねの　 □6 あしひきの

　　 ア 奈良　イ 母　ウ 天　エ 山

問題 次の季語が示す季節を漢字一字で書きなさい。

□7 野分　 □8 小春日和
□9 雪解　 □10 五月雨

問題 次の俳句から切れ字をそれぞれ抜き出しなさい。

□11 古池や蛙飛びこむ水の音　　　松尾芭蕉

□12 春の海ひねもすのたりのたりかな　与謝蕪村

□13 草山に馬放ちけり秋の空　　　夏目漱石

解答

1 ウ
2 ア
3 ウ
解説 「長歌」は和歌の形式。そのあとに添えた短歌を「反歌」という。「破調」は字余り・字足らずなど。

4 イ
解説 「対句」は対照的な内容を似た構造で表現する。

5 イ
6 エ
7 秋
解説 「野分」は秋から初冬の強い風。

8 冬
解説 「小春日和」は今の十一月頃の暖かいよい天気。

9 春
10 夏
11 や
12 かな
13 けり
解説 11～13 切れ字は他に「ぞ・よ」などがある。

◎短歌・俳句のポイント

▶ 短歌は「ひさかたの」「あらたまの」「くさまくら」などの枕詞に注意。

▶ 俳句は切れ字に着目して，作者の感動の中心をとらえる。

得点アップ

159

17 短歌・俳句 ②

問題 次の短歌の鑑賞文として合うものをあとからそれぞれ選んで、記号で答えなさい。

□ 1 かたはらに秋ぐさの花かたるらくほろびしものはなつかしきかな　　若山牧水

□ 2 桜ばないのちいっぱいに咲くからに生命をかけてわが眺めたり　　岡本かの子

□ 3★ いつしかに春の名残となりにけり昆布干場のたんぽぽの花　　北原白秋

　　ア 精いっぱい生きる花の姿に心を打たれ、真摯に生と向き合っている。

　　イ 草花とまるで会話をしているように心を通わせ、滅び去ったものをともになつかしんでいる。

　　ウ 春の終わりを惜しむ気持ちと夏の訪れを予感する気持ちを表している。

問題 次の俳句の鑑賞文として合うものをあとからそれぞれ選んで、記号で答えなさい。

□ 4 やれ打つな蠅が手をすり足をする　　小林一茶

□ 5★ 万緑の中や吾子の歯生え初むる　　中村草田男

□ 6 雪残る頂一つ国境　　正岡子規

　　ア ユーモアあふれる句になっている。

　　イ 季節の移り変わりが感じられる。

　　ウ 色の対比が鮮やかに表現されている。

解答

1 イ

解説 擬人法を用いて、会話できるはずもない草花と会話しているかのように表現されている。

2 ア

解説 同じ命でも、桜は「いのち」、自身は「生命」と書き分けることでそれぞれ異なる印象を与え、強調している。

3 ウ

解説 体言止めを用い、花の印象を強めている。この句は三句切れである。

4 ア

解説 「蠅」が夏の季語。擬人法が使われている。

5 ウ

解説 「万緑」が夏の季語。緑（万緑）と白（歯）の色が対比されている。

6 イ

解説 「雪残る」が春の季語。体言止めが用いられている。

得点
アップ
UP

◎短歌・俳句の鑑賞のポイント

▶句切れや表現技法に着目する。

▶季節と心情がどう関わっているかに着目する。